当上帝赋予人们一项特殊使命的时候，他指望人们严格遵守每一个条款。……我们为此和上帝签订了圣约（covenant）。我们致力于完成一项使命。上帝允许我们自己起草条款。我们公开宣称执行这些和那些条款，以实现这些和那些目的。我们因此祈求上帝的支持和护佑。……我们必须认为，我们应当是一座山巅之城（a city upon a hill）。全人类的眼睛都在盯着我们。因此，如果我们在此项事业中背叛了上帝，整个世界将会知晓并蔑视我们。

——约翰·温斯洛普（John Winthrop）

政治家们可以为自由而构想和思索，但是，唯有宗教和道德才能确立自由得到安全保障之原则。……自由宪制的唯一根基是纯洁的美德。如果这种美德不能在更大程度上进入我们民众的心灵，他们也许可以推翻其统治者，改变其政体形式，但是，他们将无法获得持久的自由。他们将只是换换暴君和暴政而已。

——约翰·亚当斯（John Adams）

在那块土地上（美国），将要发生一场伟大的实验，文明之人努力在一个新的基础之上构建社会；在那里，闻所未闻或者被认为不可行的理论，将要展示出一个壮观的场面，世界过去的历史对此毫无准备。

——托克维尔（《论美国的民主》上卷第一章）

王建勋作品

用野心对抗野心

《联邦党人文集》讲稿

Ambition
Counteracting
Ambition

Introduction to
The Federalist Papers

人民东方出版传媒

东方出版社

目　录

第九章　总统拥有帝王般的权力吗？

第十章　如何确保司法机关的独立地位？

后记

前言

《联邦党人文集》是怎样一本书？

1787 年夏天，五十五位美国"国父"齐聚费城，起草新宪法，史称"制宪会议"（Constitutional Convention）。新宪法起草完毕之后，面临着一个批准的难题，因为不少人对它持有异议，想要阻挠其通过。[①] 这时，新宪法的坚定支持者亚历山大·汉密尔顿（Alexander Hamilton）提议，为了让人们接受新宪法，有必要对其基本原则和内容进行阐释，并反驳各种各样的误解和偏见。于是，他邀请詹姆斯·麦迪逊（James Madison）和约翰·杰伊（John Jay），用"普布利

---

① 反对新宪法的人被称为"反联邦党人"（Anti-Federalists），他们主张各异，并非一个具有共识的群体，有的反对新宪法是因为它没有"权利法案"（Bill of Rights），有的是认为新宪法赋予联邦政府的权力太大等。他们大都匿名发表文章，具体身份大多不详。著名的反联邦党人包括帕特里克·亨利（Patrick Henry）、乔治·梅森（George Mason）、塞缪尔·亚当斯（Samuel Adams）、罗伯特·耶茨（Robert Yates）、乔治·克林顿（George Clinton）等。值得一提的是，虽然反联邦党人的抗议整体上而言没有成功，但他们对美国宪法也有一定的贡献，包括 1791 年《权利法案》的通过等。

乌斯"（Publius）[①]的笔名，在纽约的报纸上发表了一系列文章，为新宪法鼓与呼。从 1787 年 10 月到 1788 年 8 月，三人共撰写了八十五篇，后来结集出版，史称《联邦党人文集》（*The Federalist Papers*）。[②]

《联邦党人文集》的三位作者，都是名副其实的美国"国父"，尤其是汉密尔顿和麦迪逊。汉密尔顿代表纽约州参加了制宪会议，当时非常年轻，只有三十岁左右，极力主张建立联邦。麦迪逊不仅参加了制宪会议，而且是最积极、发言最多的代表之一，在整个制宪会议中发挥了至关重要的作用，展现出非凡的才华，日后获得"美国宪法之父"的美誉。他当时年仅三十六岁，但博览群书，且从政多年，有丰富的政治经验，《联邦党人文集》中政治理论水准最高的文章大多是他写的。第三位作者杰伊没有参加制宪会议，他是一位出色的外交家和律师，参与了美国早期一些条约的谈判和签署。后来，他成为美国联邦最高法院第一任首席大法官。八十五篇文章中，汉密尔顿写得最多，一半以上出自他的手笔，麦迪逊其次，杰伊写得最少，可能是他中途生病所致。[③]

《联邦党人文集》中的文章虽然看起来很零散，但其实是围绕一个中心问题展开的，那就是，要从邦联政府走向联邦政府，建立一个联

---

① "普布利乌斯"系指罗马共和国的奠基人之一普布利乌斯·瓦莱利乌斯·普布利科拉（Publius Valerius Publicola），生年不详，卒于前 503 年，曾四次当选罗马执政官。作者们用此笔名是为了纪念这位捍卫共和制的先驱，并表明自己也是共和主义者。

② 这本书的英文书名也有用 *The Federalist* 的，无论哪一个，都是后来的编者所拟。其中文名也有译为《联邦论》的，下文将对译名问题进行讨论，此处不赘。

③ 值得一提的是，汉密尔顿和麦迪逊各自所写的准确篇章一直存在争论，而且，有些篇章被怀疑是两人合作的产物。

邦共和国，或者说，建立一个复合共和国（compound republic）①、一个扩展了的共和国（extended republic）。②复合共和国的意思是，共和国里套着共和国，每个邦（州）都是一个共和国，整个联邦也是一个共和国（大共和国），这样就形成了复合结构的共和国。③那么，这样的共和国与此前的邦联政体有什么区别呢？最主要的区别在于，邦联是建立在每个州基础之上的，它的统治对象不是每个公民个人，而是每个州（邦）、每个共同体，而联邦的统治对象是公民个人，不是集体或者组织。

这个联邦共和国是如何构建起来的？其核心在于双重分权制衡。一方面是横向的分权制衡，也就是通常所说的三权分立，即立法、行政、司法三个机关之间相互分立、相互制约；另一方面是纵向的分权制衡，也就是所谓的联邦主义，即联邦政府和各州政府之间的相互分立、相互制约。之所以要确立这种双重分权制衡，是由于它能最大限度地限制权力，为自由和权利的保护提供一种双重保障。之所以采纳这种复杂的政治架构，是因为美国"国父"们相信人不是天使，正如麦迪逊所言："如果人是天使，将无需政府；如果天使统治人，将无

---

① Hamilton，Alexander，John Jay，and James Madison. 2001. *The Federalist*. The Gideon Edition. ed. George W. Carey and James McClellan. Indianapolis，IN：Liberty Fund. p.270.

② Hamilton，Alexander，John Jay，and James Madison. 2001. *The Federalist*. The Gideon Edition. ed. George W. Carey and James McClellan. Indianapolis，IN：Liberty Fund. p.271.

③ 对复合共和政体的深入分析，参见［美］文森特·奥斯特罗姆：《复合共和制的政治理论》，毛寿龙译，上海三联书店1999年版。

须对政府进行内外的限制。"①因为拥有权力的人往往会滥用权力，所以必须要制约权力，而人类的经验表明，制约权力最有效的手段是分权制衡，让权力之间相互制约，正所谓"野心必须用野心来抗衡"（麦迪逊语）。

通过双重分权制衡，美国"国父"们想要构建的是一种"多中心秩序"。②多中心是相对于单中心而言的，单中心意味着中央集权，意味着在一个国家存在着一个至高无上的权力中心，所有的权力都来自于它，而多中心则意味着在一个社会里存在着无数个权力中心，这些权力中心之间没有等级隶属关系。美国"国父"们要构建的就是这样一个多中心的政体，在那里，存在着两个不同的、相互独立的政府——联邦政府和州政府，两套不同的立法体系，两套不同的司法体系，两套不同的执法体系等。同时，州以下的政治安排也同样遵循了多中心原则，美国有大量的市、镇，这些地方都有相当程度的自治权。美国"国父"们建立的是一个自治共同体，在那里，政府就是人民，人民就是政府，或者说，人民既是统治者也是被统治者。

值得一提的是，有人认为《联邦党人文集》的不同篇章间存在着一些张力，甚至觉得存在着某种程度的"人格分裂"，尤其是在汉密

---

① Hamilton，Alexander，John Jay，and James Madison. 2001. *The Federalist*. The Gideon Edition. ed. George W. Carey and James McClellan. Indianapolis，IN: Liberty Fund. p.269.

② "多中心秩序"的理念较早由迈克尔·博拉尼（Michael Polanyi）提出，后经文森特·奥斯特罗姆（Vincent Ostrom）等学者发展。见 Polanyi，Michael. 1951. *The Logic of Liberty: Reflections and Rejoinders*. London：Routledge. pp.138-200. Ostrom，Vincent. 1999。"Polycentricity,"in *Polycentricity and Local Public Economies: Readings from the Workshop in Political Theory and Policy Analysis*. Ed. Michael D. McGinnis. Ann Arbor：University of Michigan Press. pp.52-74，119-138。

尔顿和麦迪逊的篇章之间。在一些人看来，为了能够通过新宪法，汉密尔顿和麦迪逊联手写了这本书的大部分内容，但是，他们二人对新宪法和联邦政府有一些完全不同的看法：汉密尔顿支持一个威权式的——甚至是权力不受限制的——联邦政府，而麦迪逊鼓吹的则是一个与州分享主权的、有限的联邦政府。[①] 这种解读近来遭到了有力的批评，被指责断章取义，缺乏充分可靠的证据，汉密尔顿和麦迪逊在构建的联邦共和政体的性质和原则上并无根本分歧，他们都主张建立一个奉行分权制衡原则的联邦政府，一个确保多元利益共存、权力有限的共和国。[②] 当然，这并不意味着《联邦党人文集》中没有相互矛盾之处，或者，其作者之间的看法没有分歧，但这可能与新宪法特有的问题或者共和主义本身的复杂性有关。[③]

这种分歧，在新宪法施行之后能看得更加清楚。华盛顿就任第一任总统后，任命汉密尔顿为财政部长，后者立刻制定了一系列经济方面的政策，这些政策大都是在扩张联邦政府的权力，包括设立美国银行等。这一点激起了杰斐逊、麦迪逊等人的反感，他们认为这是对新宪法和联邦政体的背离。

当然，在写作《联邦党人文集》之时，虽然他们都主张建立一个比原先的邦联更加强有力的联邦政府，但这并不意味着，他们对联邦

① Adair，Douglass. 1944."The Authorship of the Disputed Federalist Papers"（two parts），*William and Mary Quarterly* 1（2-3）：97-122，235-264. Mason，Alpheus Thomas. 1952."The Federalist—A Split Personality，" *American Historical Review* 57（3）：625-643.

② George W. Carey. 1982."Publius：A Split Personality？" *Review of Politics* 46（1）：5-22.

③ George W. Carey. 1982."Publius：A Split Personality？" *Review of Politics* 46（1）：5-22.

政府的权力应该有多大，持同样的看法。新政府成立之后，这种分歧表现得越来越明显，于是，就产生了美国早期的两个政党：以汉密尔顿、亚当斯等人为首，形成了一个真正的"联邦党"（The Federalist Party）；而反对派以杰斐逊和麦迪逊为首，围绕他们形成的一个群体叫"民主共和党"（The Democratic-Republican Party）。

这两个早期政党的分歧主要在于：联邦政府到底可以干什么？它的权力应该有多大？杰斐逊和麦迪逊担心，联邦政府权力太大，州的权力会受到侵蚀，破坏一个真正意义上的联邦政体，因为他们当初设想的是一个非常小、权力非常有限的联邦政府。但是，令这些民主共和党人没有想到的是，由于宪法规定本身只是原则性的，非常笼统，到底该如何解释这些条款，成为一个很大的问题。比如，根据宪法，国会有权制定"必需且适当的"（necessary and proper）法律来行使自己的权力，但是，什么样的立法算是"必需且适当的"，并不是显而易见的，人们可能有完全不同的看法。

鉴于此，后来在大量的立法、政策制定以及司法过程中，联邦党人和民主共和党人都存在着不小的分歧，一方要求扩大联邦政府的权力，或者认为，那么大的权力是具有正当性的；而另一方则认为，联邦政府的一些权力超越了宪法的边界，是违宪的，双方争论得不可开交。后来，发展到激烈的时候，在 1798 年，联邦党人总统约翰·亚当斯推出了"外国人与煽动叛乱法案"（*Alien and Sedition Acts*），被认为是专门针对民主共和党人的，旨在压制言论自由等权利，甚至还逮捕了一些"异议者"。此举激起了杰斐逊、麦迪逊等人的强烈反对，他们两人分别起草了《肯塔基决议》(*Kentucky Resolution*)和《弗吉尼亚决议》(*Virginia Resolution*),以对抗亚当斯的法案。

1800 年,亚当斯在总统大选中败给了杰斐逊,只当了一届总统就黯然下台,联邦党人败给了民主共和党人,杰斐逊当上了第三任总统。杰斐逊当了八年总统之后,麦迪逊又当了八年,再之后是另一个来自弗吉尼亚州的詹姆斯·门罗(James Monroe),又当了八年总统,三位来自弗吉尼亚的总统总共任职二十四年,史称"弗吉尼亚王朝"。此后,联邦党逐渐消失,美国早期的两党之争遂告结束。

回到《联邦党人文集》的讨论上。我们该如何评价这部经典著作?它在美国宪政史上和学术研究领域的地位如何?首先,它是一本政论集,其直接目的是说服纽约州的民众以及其他州的民众支持新宪法,但是,这样的目的在多大程度上实现了,一直存有争议。实际上,在汉密尔顿等人写作的过程中,已经有几个州批准了这部新宪法,很难知道这些州是否以及在多大程度上受到了这本书的影响。即使是在纽约州,它到底产生了多大的影响也很难准确估量。①

其次,它被公认是仅次于《独立宣言》和《美利坚合众国宪法》的重要文献,是对新宪法的权威阐释和评论。它的主要内容是围绕新宪法的基本架构和制度安排展开的,宪法的几乎所有主要内容都能在这本书中找到一些说明和解释,因此它被视作最权威的解释联邦宪法的文献。这一点,通过联邦最高法院对它的不断引用也可以得到证

---

① Hamilton, Alexander, John Jay, and James Madison. 2001. *The Federalist*. The Gideon Edition. ed. George W. Carey and James McClellan. Indianapolis, IN: Liberty Fund. p.xlvi.

明。2000 年之前，美国联邦最高法院共引用该书二百九十一次，足见其在司法过程中的受重视程度。[1] 因马伯里诉麦迪逊案（Marbury v. Madison）而闻名于世的首席大法官马歇尔（John Marshall）曾说："《联邦党人文集》的看法总是被认为具有高度的权威性，它是对我们宪法的完整评论，各党派都诉之于它。"

再次，《联邦党人文集》是政治学领域的经典著作。它不仅仅是对新宪法的阐释，还是如何构建优良政体的基本理论研究，是思想极为深刻的政治理论著作。法国思想家基佐和托克维尔，英国思想家约翰·密尔、梅茵、布莱斯（James Bryce）等都曾极力推荐此书。美国开国总统华盛顿说："只要人们还打算生活在公民社会里，他们必然对该书关于自由原则和政府议题的出色讨论感兴趣。"[2]《独立宣言》起草者、第三任总统、有着哲学家美誉的托马斯·杰斐逊盛赞道："它是曾经出现过的对政府原理的最佳评论。"[3] 美国著名法律家詹姆斯·肯特（James Kent）表达了同样的意思："没有哪部研究自由政体原理的作品能跟它相提并论，即使算上亚里士多德、西塞罗、马基雅维利、孟德斯鸠、密尔顿、洛克或者柏克。"[4] 从这些评论中，足见此书不可估量的学术价值。

《联邦党人文集》是两百多年前写就的，那么，对今天而言，它

---

① Chernow，Ron. 2005. *Alexander Hamilton*. New York：Penguin Books. p.260.

② George Washington to Alexander Hamilton. August 28，1788.

③ Thomas Jefferson to James Madison. November 18，1788.

④ Kent，James. 1873. *Commentaries on American Law*. 12th ed. Vol.1. Boston：Little，Brown，and Co. p.241.

有什么启示呢？首先，就像汉密尔顿在开篇所提出的问题一样：人们能否通过深思熟虑和自由选择来建立一个优良政体，还是只能依赖强力或者机遇？美国的建国历程，可以被看作人类历史上第一次通过自愿同意的方式构建宪制民主政体的尝试，他们构建的是一个联邦共和国，它是建立在人们和平的、理性的、自由的讨论基础之上的。他们相信，政府的合法性来自于同意，而不是暴力或者征服。难怪一些学者认为，建立一个真正意义上的宪政国家是从美国开始的。①

这部经典给我们的另一个重要启示是，要想建立一个有限政府，要想对人们的权利和自由进行有效和良好的保护，确立分权制衡架构是十分必要的。联邦主义加上三权分立，是迄今为止被经验证明的非常有效且可靠的方式。宪法生效之后，美国很快变成了世界上最自由、最繁荣的地方之一，这绝不是偶然的。很多人对分权制衡的了解还十分有限，甚至有很多误解。比如，不少人就认为联邦主义会导致国家分裂，其实，联邦是一种联合的机制和艺术，是处理"一"和"多"之间关系的方法，是在尊重地方自治基础之上的联合，是合众为一。

对《联邦党人文集》的几种误读

《联邦党人文集》在汉语世界问世多年，但人们对它的阅读还远

---

① Hayek，F. A. 1972. *The Constitution of Liberty*. Chicago：Henry Regnery Company. Chapter 12.

远不够：不仅读者有限，而且存在着不少误解。这里谈谈几种常见的误读。

第一种误读是将《联邦党人文集》倡导建立的新政府视为中央集权政府。这是一个极大的误解。之所以会产生这样的误解，大抵是由于美国当时是从邦联走向联邦，从一个比较松散的政府走向一个更加强有力的政府，从一个低效无能的政府走向一个更有活力的政府。

美国"国父"们的意图，以及《联邦党人文集》的要旨，绝不是建立一个中央集权政府。要明白这一点，需要理解三种不同政体即邦联、联邦、中央集权之间的区别。简单地说，邦联就是各邦之间的联合，各邦拥有完全主权，邦联政府的统治对象是各邦。邦联是一种比较松散的联盟，历史上国与国之间的结盟大多是这种性质的政体，国联和联合国亦属此类。美国 1781—1789 年的政体，就是一个典型的邦联，其标志是以《邦联条例》作为宪法。美国的邦联政府只有立法机关，没有执法（总统）和司法（邦联法院）机关。这种政体的根本缺陷在于，如果各邦不履行自己的义务，比如缴税，就只能诉诸武力解决，无法通过和平的方式执行法律和解决纠纷。其实，严格意义上讲，邦联不是一个政府，而是一个政府之间的联合或联盟。

美国"国父"们正是对邦联政体不满意，或者说，正是认识到这种政体不能保护他们从大英帝国争取过来的自由和安全，才决定摈弃邦联，建立一个联邦政体。联邦是建立在公民个人基础之上的，也就是说，它统治的对象是个人，而不是各州或者各邦。在联邦政体下，联邦政府与各邦政府分享主权，联邦政府有自己的立法、行政和司法机构。从这个意义上讲，联邦政体比邦联政体更加紧密，更有活力。但是，我们绝不能据此推论说联邦政体是中央集权政体。这是两种完全不同的政体类型。

中央集权政体，也可叫"单一制政体"或"大一统政体"，与联邦政体的根本区别之一在于，前者由中央政府垄断主权，地方政府的权力来自中央政府的授权，或者说，地方政府是中央政府派生出来的，二者之间是一种等级隶属关系，中央政府有权撤销或设立地方政府。根本而言，这样的国家不承认主权分享原则。而且，它通常只有一部宪法，其重要的法律制度通常都是一元化的，是整齐划一的。典型的中央集权国家包括法国——尤其是历史上的法国，以及西班牙、意大利等。

千万不要误以为美国既然从邦联走向联邦，全国性政府权力变强了，它就成了一个中央集权政府。美国"国父"们的目标，绝不是要建立一个中央集权政府。实际上，他们要建立的是一个与中央集权政府存在根本区别的政府，他们不会赋予全国性政府完全的主权，不会使其拥有至高无上的权力，他们害怕这样的政府，担心它没有相互制衡。他们建立联邦政体的目的，恰恰在于让联邦政府和各州政府之间实现纵向的分权制衡，再加上三权分立——横向的分权制衡，为个人自由的保护提供一个"双重安全阀"（麦迪逊语）。在《联邦党人文集》中，作者经常把中央集权政体和联邦政体进行对比讨论，他们对中央集权政体的描述经常使用诸如"一统的"（consolidated）或"单一的"（single）等词语，他们要建立的是"复合共和国"（compound republic），批评的是"单一共和国"（single republic）。[1] 可见，在他们心目中，这两种政体有着天壤之别。那种认为美国从邦联走向联邦就是实行中央集权的看法，实在是犯了郢书燕说的错误。

对《联邦党人文集》的第二种误读是，《美国宪法》以及这本书的宗旨是在捍卫富人或债权人的利益，而对穷人或债务人不利。较早提出这种看法的是美国知名历史学家查尔斯·比尔德（Charles Beard），他在其颇有影响的著作《美国宪法的经济解释》中主张，1787 年制宪会议的参加者不过是一个利益团体，他们起草的宪法旨在保护其经济利益，体现的是一种阶级冲突，相对于美国革命（美国独立）而言，美国宪法简直就是一场反革命，因为前者宣告了人人平等的政治理想，而后者意在反制这种理想。[2]

这种看法后来遭到了不少历史学家的挑战和批评。譬如，罗伯特·布朗（Robert E. Brown）仔细分析了比尔德的证据，得出结论：它们根本无法证明美国宪法的制度安排旨在保护起草者及其阶层的经济利益，当时的美国并没有"无产者阶层"，相反，大部分人（奴隶除外）都是中产阶层农场主，其利益都得到宪法的保护，而且，当时

---

[1]　Hamilton，Alexander，John Jay，and James Madison. 2001. *The Federalist*. The Gideon Edition. ed. George W. Carey and James McClellan. Indianapolis，IN：Liberty Fund. p. 270.

[2]　Beard，A. Charles. 1965. *An Economic Interpretation of the Constitution of the United States*. New York：Free Press. Beard，A. Charles. 2017. *Economic Origins of Jeffersonian Democracy: How Hamilton's Merchant Class Lost Out to the Agrarian South*. New York：Dover. 在比尔德之前，历史学家卡尔·贝克尔（Carl Lotus Becker）就提出过类似的看法，他主张美国存在着两场革命，一场是反抗英国获得独立的革命，另一场是决定独立后由谁来统治的革命。参见 Becker，Carl Lotus. 1909. *The History of Political Parties in the Province of New York, 1760-1776*. Madison，WI：University of Wisconsin。

的美国社会也是一个相当民主的社会。[1] 当代著名历史学家麦克唐纳德（Forrest MacDonald）在其著作《我们人民：美国宪法的经济起源》中，研究了参加制宪会议的五十五位代表以及各州批准宪法大会的一千七百五十位代表，发现比尔德的看法根本站不住脚。他指出，在制宪会议上博弈的利益集团绝不是只有两个，而是几十个，这些不同的利益集团之间不得不进行多方面的妥协和让步，并非某一个利益集团或阶层决定了整个宪法的制度安排。而且，比尔德的经济决定论是一种简单化的解释，因为除了经济因素之外，各州文化和政治的差异等多种因素也都影响了宪法的制定。[2]

对《联邦党人文集》的第三种误读涉及如何理解美国过去与当下的问题。有人认为，《联邦党人文集》中所讨论的政治安排与今天的美国已经完全不同，美国"国父"们的有限政府理想已经过时了，或者说，它们没有经得起时代的检验。这种看法也是错误的。今天的美国和《联邦党人文集》的时代，的确存在着非常大的差距。当时，美国"国父"们考虑的最重要的问题之一是，赋予联邦政府的权力一定要十分有限，并且要列举出来，而没有列举出来的权力都保留给各州和人民。对于他们而言，这是非常重要的原则或观念，意味着他们心目中的联邦政府是一个有限政府，它的边界非常清楚，比如，国会有十八项权力，总统有六项权力，法院只有一项权力。大量的权力没有列举

[1]　Brown，Robert E. 1956. *Charles Beard and the Constitution: A Critical Analysis of "An Economic Interpretation of the Constitution."* Princeton，NJ：Princeton University Press.

[2]　MacDonald，Forrest. 2017. *We the People: The Economic Origins of the Constitution.* New York：Routledge.

出来，甚至也不可能列举出来，它们都归各州和人民享有。

但是，今天的美国发生了翻天覆地的变化，我们看到的联邦政府权力非常大，几乎无所不在。如果美国的"国父"们看到美国现在的样子，一定非常生气。他们无法想象，联邦政府会扩张得如此之大，影响到人民生活的方方面面，而在建国之初，跟老百姓生活密切相关的事务通通归各州和地方政府，包括财产、婚姻、交通、教育、治安等，都跟联邦政府无关。

当然，跟单一制国家或中央集权国家相比，美国联邦政府的权力依然相当有限。但是，和两百年前相比，它的权力确实大了很多，比如，联邦政府有权征收个人所得税、规定最低工资、提供各种各样的社会保障等。这在美国建国时代和十九世纪是不可想象的。

为什么联邦政府的权力变大了？有多方面的原因，包括社会、经济、政治、战争等因素。可以说，从美国内战之后，联邦政府的权力就一直在扩张。到十九世纪后半期，随着福利国家、进步主义和社会主义思潮的出现，以及罗斯福新政、两次世界大战等，联邦政府的权力得到不断扩张。福利国家会产生螺旋式的结果，让政府越来越多地介入社会经济生活；战争要求人、财、物的集中，要求命令与服从，在战争状态下，人们很容易放弃自己的权利和自由，降低警惕程度，让政府权力变大，战争结束后也难以再收缩。

但是，这种联邦政府权力的扩张，并不意味着美国"国父"们的理想或者《联邦党人文集》阐释的理念失败了，并不意味着他们当初设计的这套制度失败了，相反，是当前的政治现实、政治实践背离了美国"国父"们的政治理想，背离了有限政府的某些理念。

其实，一百年前的联邦政府跟现在的也完全不一样。譬如，1887年，得克萨斯州一些县发生旱灾，当地农民没有收成，一些议员就在议会里鼓动通过一个法案，要求联邦政府拨款帮助农民购买种子，对受灾民众实施救济。拨款的总额很少，也就一万美元（相当于现在的二十多万美元）。即使如此，这个法案也被当时的民主党总统克利夫兰（Grover Cleveland）否决了。他在否决声明中说，联邦政府没有权力干这件事，因为美国宪法未曾授予联邦政府提供救济、帮助灾民的权力。也就是说，联邦政府不能超越自己的边界。这件事才过了一百多年，很难想象今天的共和党总统会如此选择，更别说民主党总统了。

从这种变化可以看出，不是美国"国父"们设计的制度有问题，至少可以说，它没有根本的缺陷。从过去两百年的宪政实践来看，它的基本框架依然站得住，没有严重问题。从美国宪法制定到现在只有二十七条修正案就可以看出，它不需要根本性的变化。这二十七条当中的前十条还是建国初期（1791）很快就制定的，也就是说，在两百多年时间里，只有十七款条文对宪法进行了修正，它的基本架构依然没有太大的问题。当然，它是不完美的。天底下没有完美的制度，因为人性是不完美的，人的理性是有限的，人们的认知受到各种因素的限制，不可能设计出完美的宪法来。

因此，当我们审视今天的美国的时候，不要误以为是宪法本身的缺陷导致了今天这样的问题，而是因为战争以及进步主义、福利国家思潮等，导致了联邦政府权力的扩张。事实上，所有的政府都有扩张的本性，这是权力的特质。要确保一个政府的权力待在宪法的框架内，或者说，不超越宪法为它划定的边界，不仅需要良好的宪法架构或者良好的文本，还需要民众坚持不懈地抵制权力扩张的努力，需要人们对权力扩张时常保持高度警惕。自由不是一劳永逸的。对于任何一个社会而言，千万不要以为，有一天那里得到了自由之后，就可以高枕无忧了，不再需要对权力进行提防和监督。托克维尔在《论美国的民主》中告诉我们民情的重要性，他说，虽然法律制度对于维系美国民主来说很重要，但最重要的还是民情——人们的心智习惯，包括他们思考和处理问题的方式，他们的习俗和信仰等。这才是真正决定一个国家是不是可以长久葆有自由的秘诀。

为什么要写这本书?

《联邦党人文集》的中译本早已出现，而且，近些年又出版了若干新译本，有的影响似乎也不小，读者可能也不在少数，尤其是在学术界和受过高等教育的人群中。那么，为何还要写这本《讲稿》呢?它的必要性何在?

大致有三方面的原因。首先，作为一部政治学经典，《联邦党人文集》算是比较难读的。因为它的表达是十八世纪的英文，很多句子晦涩难懂、令人费解，而且它的作者力求准确，用语抽象、思维缜密，增加了人们理解的难度，尤其是律师出身的汉密尔顿，措辞华丽、逻辑严谨、文风隐晦，理解其精义的确是一个挑战。

同时，由于它不是一本系统的著作，而是由八十五篇相对独立的论文构成，作者还是三个人，读起来让人感觉结构零散，缺乏系统性和连贯性，难以抓住其要点和主线。还有，作者当时出于跟"反联邦党人"论辩的需要，其写作主要围绕后者提出的异议而展开，不熟悉当时历史背景的读者，读起来会感觉突兀，甚至莫名其妙。另外，它的一些篇章阐释的政治理论颇为深奥，没有基本的政治学和宪法学知识，读起来也会觉得吃力。

这本《讲稿》的目的之一，就是把《联邦党人文集》中晦涩难解的用语尽量转化为浅显易懂的文字，对一些专门术语进行通俗的解释，同时，把看似结构零散的文本勾连在一起，让读者掌握其内在的逻辑和框架，领会其思维脉络和主线。《讲稿》的目的还在于提供一些必要的背景知识，帮助读者理解当时的美国人为何要制定一部新的宪法，为何对某个问题存在争论，为何会出现当时的一些看法等。

就篇章结构安排而言，本《讲稿》的第一章、第二章是为提供背景知识和历史语境而撰写，其后各章则是根据《联邦党人文集》中的线索和主题来安排的。第三章的内容大致对应的是《联邦党人文集》中的第一篇至十四篇，主要是为了说明邦联的制度缺陷，为何应当从邦联走向联邦。第四章主要是阐释联邦的好处以及它与邦联的区别，对应的内容大致是第十五篇至二十二篇。第五章的内容主要是回应人们对常备军和联邦征税权的担忧，对应的内容是《联邦党人文集》第二十三篇至三十六篇。第六章讨论的主题是，为何新宪法建立的是一个名副其实的共和国，对应的内容大致是《联邦党人文集》第三十七篇至四十六篇。第七章分析横向的分权制衡——三权分立，对应的内容是《联邦党人文集》第四十七篇至五十一篇。第八章讨论国会的组织和职权，对应的部分是《联邦党人文集》第五十二篇至六十六篇。第九章探讨总统的选举和职权问题，对应的内容是《联邦党人文集》第六十七篇至七十七篇。第十章考察的是司法机关，对应的是《联邦党人文集》最后几篇，尤其是第七十八篇和七十九篇。

值得说明的是，这种对应不是非常严格的，因为《联邦党人文集》本身的结构比较松散，不同的篇章有时会出现内容重复，有时会在不同的主题下讨论同样的问题等，尤其是前半部分，对于邦联的缺陷和联邦的好处之分析，经常交织在一起，反反复复。当然，这在一定程度上跟作者不是同一个人有关，而且，当时时间紧迫，他们需要尽快回应反对意见。

撰写这本《讲稿》的第二个原因是，《联邦党人文集》是根据1787年宪法写就的，尽管该宪法制定后仅有二十七条修正案，但毕竟还是发生了一些变化，有的变化还涉及关键问题，因此有必要指出来，乃至加以分析，帮助读者理解宪法的变迁，理解今天的美国宪法与1787年宪法有何不同。譬如，1787年宪法没有规定总统的任期限制，只要总统能够重新当选，就可以无限期连任，只是由于开国总统华盛顿任期两届后主动退出竞选，大部分后继者都效仿其做法，直到富兰克林·罗斯福总统打破这一惯例。1951年通过的第二十二修正案限制了总统的任期，规定总统只能连任一次。

从某种意义上讲,《联邦党人文集》中讨论的某些宪法条款和制度安排已经"过时"了,读者们应当心中有数。譬如,涉及"黑人"和"奴隶制"①的条款肯定是不合时宜了,美国内战后的修正案彻底改变了1787年宪法中的相应规定。但是,这仅仅是从时间维度来说的,并不意味着那些条款所体现的思想或观念过时了。

但是,也有一些修正案背离了美国"国父"们的政治理想和设计初衷。比如,根据1787年宪法,参议员是由各州议会选举产生的,但1913年通过的第十七修正案改变了参议员的选举方式,改为由各州的选民直接选举,也就是说,从间接选举改成了直接选举。这一改变跟大众民主时代的到来有关,但它是一个不合理的改变,因为当初美国"国父"们进行分权制衡设计的时候,考虑到两院制的好处之一就是实现两院之间进一步的分权制衡,这种制衡要求两院之间议员的产生方式尽可能不同,并且,参议员间接选举的目的在于让它更少受选民激情的影响,保持一定程度的精英化——因为众议院是大众化的,符合混合政体的构想。

撰写这本《讲稿》的第三个原因是,虽然现在市面上有不少《联邦党人文集》的中译本,但或多或少,都有一些翻译问题,有的译得

---

① 值得一提的是,1787年宪法中并没有使用"黑人"或者"奴隶制"的字眼,而是有意进行了回避。当时的宪法中有三个条款与"黑人"或者"奴隶制"有关,一个是"五分之三条款"(第一条第二款),另一个是"奴隶贸易条款"(第一条第九款),最后一个是"逃跑奴隶条款"(第四条第二款)。"五分之三条款"和"逃跑奴隶条款"已经被第十四、十三修正案废除,"奴隶贸易条款"在1808年禁止奴隶贸易的法案出台以及废除奴隶制之后,已经没有实际意义,虽然它依然是一个有效条款。

比较拗口，让人难以理解，有的存在不少错误甚至硬伤。过去几十年中，主要的、比较有权威性的汉译本共有三个：一个是商务印书馆的《联邦党人文集》，①一个是尹宣先生翻译的《联邦论》，②还有一个也叫《联邦论》，由谢叔斐翻译。③从翻译质量上看，三个译本各有千秋，都有一些优势，也都有一些问题，有的是因为不熟悉当时的时代背景和语境造成的，有的是因为不熟悉政治理论和宪法思想导致的。

比如，这部经典的开篇第一句，④只有《联邦党人文集》译对了，另外两个译本都错了。第一句话的英文里用了 federal 这个词，今天我们通常译为"联邦的"。但是，在译这本书时，如果直译为"联邦的"就错了，因为它说的是当时的"邦联"，说的是当时的邦联政府。之所以用"federal"这个词指代"邦联的"，是因为在十八世纪，"联邦"和"邦联"的英文表达没有严格区分，各自的含义还没有确定下来。当时，人们对"federal""confederal""federation""confederation"等词经常不加区别地使用。⑤所以，要想翻译得准确，必须理解当时的

---

① ［美］汉密尔顿、杰伊、麦迪逊：《联邦党人文集》，程逢如、在汉、舒逊译，商务印书馆 1980 年版。

② ［美］亚历山大·汉密尔顿、詹姆斯·麦迪逊、约翰·杰伊：《联邦论：美国宪法述评》，尹宣译，译林出版社 2010 年版。

③ ［美］亚历山大·汉密尔顿、詹姆斯·麦迪逊、约翰·杰伊：《联邦论》，谢叔斐译，吉林出版集团 2012 年版。

④ 英文版开篇的第一句话是："After full experience of the insufficiency of the existing federal government, you are invited to deliberate upon a New Constitution for the United States of America." 见 Hamilton, Alexander, John Jay, and James Madison. 2001. *The Federalist*. The Gideon Edition. Ed. George W. Carey and James McClellan. Indianapolis, IN: Liberty Fund。

⑤ 对于《联邦党人文集》中用语和语义的分析，参见［美］文森特·奥斯特罗姆《美国联邦主义》，王建勋译，上海三联书店 2003 年版。

历史背景及语境，那两个译本均望文生义，一看是"federal"，都按照现在英语词典里的解释译成了"联邦的"，其实作者所指的是"邦联的"。作者接下来要讨论的，正是当时邦联政府的缺陷所在。

指出这样的翻译问题，并不是为了求全责备，只是想强调翻译这本经典确非易事，对译者的要求甚高。当然，越来越多的国人可以阅读英文原版，能够更好地理解这部经典，但是，即使阅读原版也面临着不小的挑战，因为几位作者皆学识渊博，阐发的理论深奥艰涩。这本《讲稿》的目的之一就是，为阅读原文——英文版或中译本——的读者提供一些帮助，无论是背景知识方面的，还是政治理论方面的。

如何翻译这部经典的书名也是值得讨论的，①早期的学者们译成了《联邦党人文集》，后来，一些学者——包括尹宣先生在内——指出，将这本书译为《联邦党人文集》不甚妥当，因为三位作者撰写这八十五篇文章时，美国还没有"联邦党"这个政治组织，它是到了1790年代的时候才出现的。尹宣等人据此认为，将 The Federalist 或者 The Federalist Papers 译为《联邦党人文集》是不合理的，容易让人产生误解。②

这种说法不无道理，对于那些不熟悉美国历史的人来说，的确容易产生误解，但是，将书名译为《联邦党人文集》也不是什么错误，"党人"在汉语里并非专指政党的成员，也可以指代拥有同样看法或者拥护某种思想观念的人，比如"东林党人""革命党人"等。

---

① 英文版的书名大多是 The Federalist 或者 The Federalist Papers。

② 尹宣:《是〈联邦党人文集〉，还是〈联邦主义文集〉?》,《南方周末》2006 年 10 月 26 日。

如果读者了解美国早期的历史，就更不是问题了。当然，将这本书译为《联邦论》、《联邦主义文集》或《联邦主义者文集》也都可以。由于《联邦党人文集》的书名几乎已经家喻户晓，本《讲稿》继续沿用此名。

应当提醒读者的是，本《讲稿》的部分内容是在一些讲座基础之上整理而成的，为了读起来更加顺畅，某些地方有意保留了一些口语化的表达。当然，这可能在一定程度上牺牲掉了准确性。笔者建议读者在遇到可疑的句子或者段落时，不妨去查查原文，尤其是英文原版，可以对照着阅读。

不过，英文版的《联邦党人文集》有很多，[①] 虽然大同小异，但不同的版本也有一些出入。[②] 在本《讲稿》中，笔者主要参考的英文版本是吉登版（The Gideon Edition），是由两位当代美国政治学家重新编辑的。[③] 之所以使用这个版本，原因之一在于它初版于 1818 年，其准确性经过麦迪逊本人的认可。[④]

---

① 常见的英文版本诸如：（1）*The Federalist Papers*. Ed. Clinton Rossiter. New York：Signet Classics. 1961；（2）*The Federalist: A Commentary on the Constitution of the United States*. Ed. Robert Scigliano. New York：Modern Library. 2001；（3）*The Federalist, with Letters of "Brutus"*. Ed. Terrence Ball. New York：Cambridge University Press. 2003。

② 这些版本之间的区别既有内容方面的，也有作者认定方面的。内容方面的差别非常细微。

③ Hamilton，Alexander，John Jay，and James Madison. 2001. *The Federalist*. The Gideon Edition. Ed. George W. Carey and James McClellan. Indianapolis，IN：Liberty Fund。

④ 麦迪逊曾说："对《联邦党人文集》三位作者各自所写篇目的准确划分，就是吉登版。是我提供给他的，就其所涉及的我自己的篇目而言，它是非常准确的，而且，对其涉及的另外两位作者篇目的准确性，我也有充分的信心。" Hamilton，Alexander，John Jay，and James Madison. 2001. *The Federalist*. The Gideon Edition. Ed. George W. Carey and James McClellan. Indianapolis，IN：Liberty Fund. 扉页。

最后，有必要重申的是，这部《讲稿》旨在为《联邦党人文集》提供一些背景知识，对其中讨论的核心问题和重要理论进行重述、阐释、评论和分析，帮助读者更好地理解这部经典。它决不能——笔者更无意——代替《联邦党人文集》本身，它的目标只是一本辅助性读物，打算深度研究这部经典的读者无疑应当去阅读原著。还有，本《讲稿》的选择是集中讨论那些重大问题——尤其是具有理论意义和制度价值的问题，而非面面俱到，因此忽略了很多——在笔者看来——次要的问题，或者是已经"过时"的问题。当然，这部《讲稿》的撰写也是基于笔者自己对《联邦党人文集》的理解，我相信，它还有不准确甚至错误的地方，这一点，还祈方家不吝指正。

第一章　美国宪制是如何起源的？

让全世界的人们都懂得，不要赋予凡人超过他们
应当行使的更多的权力。……因此，尘世上的所有权
力都应受到限制。……国家限制特权被认为是危险的
事情，但是，不限制它们更加危险。

——约翰·柯顿（John Cotton）

通常情况下，人们讨论美国宪政的时候，习惯于从 1787 年宪法开始，或者，在很多人看来，美国宪政史上唯一值得重视的事件，就是 1787 年制宪会议。但是，如果历史地理解美国宪政的话，我们应该追溯一下 1787 年之前的美国经验，也就是从 1620 年《"五月花号"公约》（*Mayflower Compact*）开始的美国一百五十多年的殖民地时期。从宪政的角度看，在这一百五十多年的殖民地时期里，美国的土地上发生了什么？这些事件或者文件与 1787 年之后美国的宪政有什么样的关联？这是值得认真对待的问题，否则，我们无法很好地理解美国宪政的来龙去脉。

首先需要明确的是，美国宪政不是从 1787 年开始的，其一百五十多年的殖民地立宪实践已经奠定了它的基础，或者说，美国宪政起源于殖民地时期，当时积累了丰富的宪政经验。大致说来，美国宪政史可以被分为这么几个阶段：第一个阶段是从 1620 年到 1776 年，就是到美国独立之前，这一百五十多年，我们称之为殖民地时期。这一时期的美国，出现了成百上千个大大小小的宪法性文件，有着无数的立宪实践，它们都对后来美国的 1787 年宪法甚至更久远的美国宪政实践产生了深远影响。

第二个阶段是从 1776 年到 1787 年。1787 年联邦宪法制定后，则可以算作第三个阶段。1776 年之后，首先是美国各个独立的州制定了自己的宪法。[①]这些宪法在各州的政治生活中发挥着重要作用，而且对 1787 年宪法的制定产生了不可低估的影响。长期以来，我们不太重视或者说忽略了一个事实——每个州都有自己的宪法。

到了 1781 年，这十三个州首先制定了一个宪法性文件，叫《邦联条例》（*Articles of Confederation*）。[②]正是因为这个《邦联条例》有一些重大的甚至是致命的缺陷，才导致后来 1787 年宪法的制定，否则，完全没有必要制定一部新宪法。这个问题后面会集中讨论，我们先看看殖民地时期美国的宪政历史和宪政经验。

开创历史的《"五月花号"公约》

首先，我们要从《"五月花号"公约》讲起，它是最早和最著名的殖民地宪法文件之一。1620 年 11 月 11 日，一批清教徒坐着小船，

---

① 其实，把 state 翻译成州是很误导人的，因为在英文中的 state 本来是"国家"或者"邦国"的意思。当然，考虑到约定俗成的表达，我们还是沿用"州"的译法。

② 也有人译为《邦联条款》。

漂洋过海来到北美。他们之所以从英国跑到美洲，主要是为了追求宗教自由。他们在英国国内受到迫害，因而远渡重洋去北美，到那里建立殖民地。西方人经常讲，宗教自由是第一自由。为什么呢？因为人们早期追求自由的努力经常跟宗教有密切关系，他们认为宗教自由最重要，因为它事关良知、灵魂和信仰。在很大程度上讲，也只有宗教自由才能让人们有如此大的信心和决心离开一个国家，甚至不畏生命危险，不顾一切代价。

"五月花号"共有一百零二名乘客，到北美之后死了一半左右。下船之前，四十一位成年男子在船上签署了一份非常重要的文件，即《"五月花号"公约》。之所以要签署这份文件，是因为下船之后，这些人将到达一片荒凉的土地，他们如何管理自己？设立一个什么样的政府？如果人与人之间发生了冲突，一个人杀死了另一个人，或者抢了另一个人的财产，该如何解决他们之间的纠纷？基于这样的考虑，在登陆之前，他们制定了《"五月花号"公约》。其实，这个文件最初的名字叫《普利茅斯盟约》（*Plymouth Combination*），直到 1793 年才有了今天这个名字，部分是因为当时那艘船的名字叫"五月花号"。需要指出的是，签署公约的只是成年男性，女性和未成年人都没有参与。这在那个年代，再正常不过了。

从公约的内容看，它非常简单，只有一小段文字，但它的内容非常重要。比如，这个公约宣称："我们这些签署者在上帝面前共同庄严地宣誓立约，自愿结成一个自治的政治共同体（civil body politick）。"这样的表达，含义十分丰富。首先，《"五月花号"公约》

的签署者是通过社会契约构建起一个政治共同体，建立这个共同体是通过自愿的方式或者同意的方式完成的。也就是说，他们构建的这个政体是建立在人们同意基础之上的，自愿同意赋予了它合法性。在他们看来，只有同意才能赋予一个政权合法性，其他任何东西都不能。

公约中说，他们要建立的是一个自治的政治共同体。这一点也非常重要。所谓自治，是相对于他治而言的。简单来说，自治就是每一个人都能成为自己的主人，而不是让别人主宰你的命运。别人统治你，那是他治，而不是自治。只有当你统治自己，成为自己的主人之后，才是自治。所以，这些人的梦想是要建立一个掌握自己命运的政治共同体，不被别人统治，不是一些人统治另外一些人。从这个意义上讲，自治意味着所有人都有权利参与公共事务，都成为统治者，同时成为被统治者，只有这样的共同体，才能称得上自治共同体。这是一个非常重要的原则。

这种自治共同体的思想来源，从某种程度上讲，跟清教徒对权力的看法有关。这群清教徒不相信权力是至高无上或不受限制的，他们认为，所有的权力都应当受到制约，包括议会的权力。这些人来自英国，那时的英国虽然还没有发生 1688 年"光荣革命"，但是议会的权力在与国王的斗争中越来越大。"光荣革命"之后，英国的议会权力受到的制约越来越少，以至于对北美殖民地采取了一些不正当的统治措施，导致了北美民众的反抗。

公约中还规定："为了确保良好的秩序以及我们自身的延续，为了实现上述目的，我们保证遵守和服从将来不时以此而制定颁布的对本殖民地的公共福祉最合适、最便利的公正而平等的法律、法规、条令、宪章，并任命合适的行政官员。"

可以看出，它不仅强调了良好秩序和公共福祉的重要性，而且强调了法律的公正和平等。在他们看来，不是所有的法律都值得遵守，因为不是所有的法律都有利于法治和自由。只有那些公正而平等的法律才值得遵守。说到这里，有必要提一下实证法学派和自然法学派的一个区别。从很大程度上讲，实证法学派的推崇者多倡导人们应该遵守所有的法律，不管它是否公正，不管它是否侵犯了我们的权利和自由；自然法的信奉者认为，只有那些合乎正义的法律，只有那些保护我们自由和权利的法律才具有正当性，才值得我们遵守。

从《"五月花号"公约》的内容可以看出，当时的签署者已经具有了相当水平的法治观念。他们相信，治理这个共同体要通过法律或规则来进行，而不能随意发布命令。只有这样的共同体，才可能造就他们所希望的良好秩序，他们自身才可能延续下来，他们的自由和权利才可能得到保障。当然，这种法治的观念，是从英国那里学习借鉴过来的。英国有至少自《大宪章》以来的法治传统，即使国王也不能擅自违反法律，或者像英国的法律家经常强调的那样："国王贵居万众之上，但必须受制于上帝和法律。"这种观念对于后来西方法治的实现，无论在英美还是其他地方，都是至关重要的。

《"五月花号"公约》用非常简洁的语言，构建了一个理想的政治共同体。它不像今天各国的宪法那样规定得那么细致，但是，它确立了船上的清教徒登陆之后赖以共同生活以及交往的最根本原则。公约的英文叫 compact，与英文中的另一个词 covenant 意思非常接近，后者通常被译作"圣约"，它指的是上帝和人之间订立的契约，带有神圣性，不能违背。清教徒们订立这个公约的时候，所植根于他们内心的正是这种清教徒的圣约思想或圣约观念。这种观念相信，上帝和人之间，以及人与人之间都是平等的伙伴关系。这种圣约观念或圣约神学（covenant theology），有时也被称为联邦神学（federal theology），是联邦主义的思想渊源。[①] 清教徒到达北美之后，特别是在新英格兰地区，他们所确立的教会与教会之间的关系，以及教徒与教徒之间的关系，都是平等的。这种平等的伙伴关系和实践构成了美国联邦主义的基础。联邦即意味着若干个共同体之间平起平坐，没有高低贵贱之分。

　　这种思想一开始是在教会当中实现的，后来被引入世俗政体的构建之中。在十七世纪的新英格兰，教会是信徒们在自愿同意基础之上确立的，神职人员由信徒们自由选举产生。同样，那里的政府也是建立在居民自愿同意基础之上的，行政官员和立法者通常也均由民众自由选举产生。事实上，在普利茅斯殖民地早期，大多数男性居民都是自由人，都可以自由参加选举，都有权利参与各种各样的公共事务，甚至没有人因为贫穷而被拒绝以自由人的身份投票或者选举。后来，对参加选举有了财产的要求，也就是说，要想参加选举的话，必须有一定的财产，但是，更早的时候是没有这样的要求和限制的。

---

① 对这种渊源的研究，参见 Elazar，Daniel J.1987. *Exploring Federalism*. Tucaloosa，AL：University of Alabama Press。

从某种意义上讲，《"五月花号"公约》为后来的美国《独立宣言》和1787年宪法奠定了基调。它所确立的原则，包括政府要建立在同意基础之上，要建立一个自治而非一些人统治另一些人的共同体等，都体现在了后来的宪法性文件中，构成了美国独立和立宪的基础。

殖民地时期的宪制经验

在《"五月花号"公约》之后，殖民地还出现了大量重要的宪法性文件。[①]譬如，1639年，康涅狄格民众制定了《康涅狄格基本法》（ *The Fundamental Orders of Connecticut* ）。虽然《"五月花号"公约》有"第一个政治圣约"（political covenant）的美誉，但《康涅狄格基本法》被认为是第一部具有现代意义的成文宪法。一些学者甚至根据这部宪法性文件认为，康涅狄格是殖民地美国的第一个民主政体。《康涅狄格基本法》确立了一个类似于联邦的政体，由温莎（Windsor）、哈特福德（Hartford）、韦泽尔斯菲尔德（Wethersfield）三个乡镇共同体组成。它在"序言"中指出，为了维护和平与保障自由，建立一个优良的政体，治理公共事务，三个乡镇的人民自愿结成盟邦（combination and confederation）。在十一款条文里，《康涅狄格基本法》规定官员应当选举产生；规定了选举的方式、时间、地点以及对选举

---

① 关于殖民地时代的宪政文件和评析，参见 Lutz, Donald. ed. 1998. *The Colonial Origins of American Constitutionalism: A Documentary History*. Indianapolis, IN：Liberty Fund。

中不法行为的处罚；要求官员依据法律行使权力和捍卫正义；授予了议会立法权；限制了政府的权力；规定了每个乡镇平等参与联邦议事机构和决定税收的权利；等等。

历史学家认为，这是自由人第一次为他们自己创立了一个政府，并且据此按照他们自己的方式生活。对康涅狄格殖民地的建立发挥至关重要作用的托马斯·胡克（Thomas Hooker）说，政府的根基首先在于人民的自由同意，他们有权任命官员以及为权力设定界限。[1] 同时，一项研究表明，在十七世纪六七十年代康涅狄格的四个乡镇里，自由人的数量占成年男性总人口的比例相当高，达到了百分之六十以上，他们都可以参加选举等公共事务，这意味着康涅狄格的自由和民主达到了比较高的水平。[2]

1641 年，马萨诸塞的殖民者为了保护来之不易的自由和权利，创制了一部十分重要的宪法性文件——《马萨诸塞自由宪章》（*Massachusetts Body of Liberties*）。由于其内容对后世影响甚大，这一文件被认为是第一个具有现代意义的"权利法案"。在美国联邦宪法《权利法案》规定的二十六项基本权利和自由中，有十六项已经在《马萨诸塞自由宪章》中出现了，其中有七项是原创性的。这个由九十八款条文构成的"宪章"规定：所有人的生命都不可剥夺；所有人都不可被随意逮捕；所有人的财产都不可被随意侵夺。这意味着人

---

[1] Collier, Christopher. 1989. "The Fundamental Orders of Connecticut and American Constitutionalism," 21 *Conn. L. Rev.* 865.

[2] Fowler, David H. 1958. "Connecticut's Freemen: The First Forty Years," *The William and Mary Quarterly* 15(3): 312-333. p.317.

们的生命权、自由权和财产权受到保护。

该宪章还规定，所有人在法律面前一律平等，这意味着取消了特权，每个人的法律地位都没有差别。还有，根据宪章，除非依据法律并且给予合理补偿，不得征收任何人的物品。这是颇为现代的征收条款，对政府侵犯民众的财产权设置了屏障。宪章还规定，所有人均有权参加乡镇会议，通过口头或书面方式提出动议或者请愿等。这是对殖民地居民参与公共事务和民主权利的保障。可见，政治已经不再是垄断在少数人手里的事情。

根据该宪章，在法律对一个人做出判决前，任何人都不应当受到人身限制或者被拘禁。这是无罪推定的经典内容，至今很多国家还没有做到。宪章中还有这样的条款：不得因为欠债而逮捕任何人。这意味着它抛弃了对欠债进行刑事处罚的陈旧做法，仅仅将其视作一种民事行为，只能对当事人进行民事处罚。在人类历史上，欠债长期受到剥夺人身自由等刑事处罚，彰显的是野蛮而非文明。

宪章的重要条文还包括，任何人都不得因为同一违法行为而遭受两次处罚。这是法律上的一事不再理原则。宪章还规定，任何人都不得被迫自证其罪。这样的内容出现在近四百年前的宪法性文件中，不禁令人惊叹。即使在二十一世纪的今天，很多国家也还没有确立不得自证其罪的原则。根据该宪章，除非有两个或者三个证人做证，任何人都不得被判死刑。这是对死刑滥用的限制，体现了谨慎使用死刑的思想。宪章中还有保障已婚妇女人身权利的条款，规定每一个结婚的妇女，都有权不受其丈夫的人身侵犯。最后，宪章还规定了与教会相关的内容，即每一个教堂都可以自由选举神职人员等。

当然，除了《康涅狄格基本法》和《马萨诸塞自由宪章》，还有大量具有重要价值的宪法性文件，包括 1638 年《马里兰教会自由法》、1647 年《马萨诸塞法律与自由》、1649 年《马里兰宗教宽容法》、1672 年《康涅狄格一般法律与自由》、1682 年《新罕布什尔法律与自由》、1683 年《纽约自由与权利宪章》、1701 年《宾夕法尼亚自由宪章》……毋庸置疑，这些早期的宪法性文件对于 1776 年美国独立之后各州制定的宪法以及后来的美国联邦宪法，都产生了重大的影响。

有人做过一项统计，后来规定在美国联邦宪法里面的二十六项权利和自由，在此前的宪法性文件当中几乎全都能找到。[①] 比如，1791 年美国《权利法案》第一条所规定的言论自由，在 1647 年《马萨诸塞自由宪章》中已经出现了，宗教自由在 1649 年《马里兰宗教宽容法》中也已经出现了。《权利法案》中还规定政府不得确立国教，这样的内容已经在波士顿《殖民者权利》中出现了。当然，还有一些可以追溯到 1689 年英国的《权利法案》、1628 年《权利请愿书》，甚至可以追溯到《大宪章》等。从这个意义上讲，一方面，我们可以说，美国宪法具有开创性意义，包括它的三权分立和联邦主义等；但从另外一方面讲，美国宪法并不是全新的，它的许多内容都是建立在过去的宪政经验、传统和实践基础之上的。

---

① Schwartz，Bernard. 1980. *The Roots of the Bill of Rights*. Vol. 5. New York：Chelsea House Publishers. p.1204. 转引自 Lutz, Donald S. 1992. "The State Constitutional Pedigree of the U.S. Bill of Rights," *Publius* 22（2）：19-45. pp.21-22。

殖民地为何要独立？

1776 年，人类历史上发生了两件大事：一是亚当·斯密出版了《国富论》——更准确的译名应是《民富论》，[①] 一是美国人宣布从大英帝国独立。

至少从 1760 年代开始，北美殖民地的民众就开始对英国的统治表达不满，甚至越来越难以忍受了。很重要的原因之一是，当时的英国议会通过了一系列新的征税法案，对殖民地征收苛捐杂税，包括印花税、茶叶税等，殖民地和大英帝国的关系不断恶化。对殖民地民众而言，主要的问题在于，不是英国议会不能向殖民地征税，而是议会中没有殖民地的代表。殖民地的民众认为，不经他们同意或不经他们的代表同意而向他们征税，是违法行为，没有合法性。1215 年《大宪章》之后所确立的一个重要原则就是"无代表，不纳税"，或者说"未经同意，不纳税"。英国的约翰王想发动战争，不得不向贵族们征税，结果导致二十五个贵族联合起来，迫使其签署了《大宪章》。

不难看出，英美宪政史上的两个重大事件，无论是英王签署《大宪章》，还是后来美国宣布独立，都跟征税有关，都是因为国王或者议会滥用征税权，或者不经人们同意而征税导致的。这在很大程度上说明，要限制政府的权力，第一步是要从限制征税权开始。如果人们不能约束政府征税的权力，不能约束其随意剥夺公民的财产权，那政

---

① 其原书名为 *An Inquiry into the Nature and Causes of the Wealth of Nations*。

府其他的权力也约束不住，因为政府有了钱就能雇用更多的警察和士兵，对个人的权利和自由造成威胁。如果人们能够限制政府征税，一些事情它做不了，对自由的威胁也就减小了。当然，这不是说政府不应该征任何税，而是说，政府征任何税都必须征得纳税人同意，都必须允许公民自由选举自己的议员，否则，政府就会滥用征税权，公民的财产和自由都不会安全。

殖民地民众在很大程度上继承了英国的传统，他们知道"无代表，不纳税"是一项基本原则，不经他们同意而向他们征税，无论如何都是无法接受的。同时，有意思的是，1688 年"光荣革命"之后，很多英国人认为，他们确立了一种"议会至上"的架构，也就是说，议会可以做任何事情，而且都不违法，因为没有人，没有机构比它权力更大或者跟它平起平坐。据此，英国人就认为，议会当然有权力向殖民地征税，它做的所有事情都是合法的。但是，殖民地民众认为，他们也是英国人，英国的宪法当然要保护他们的基本权利，他们跟生活在大英帝国的人一样享有那些基本权利和自由，包括财产权等，即使议会也不得侵犯。

甚至，殖民地还有人质疑，英国议会对殖民地是否有管辖权。在一些人看来，议会根本没有权力管辖殖民地，只能管辖英国本土。因为殖民地有自己的议会，他们的每一个乡镇，每一个县、市等，都有自己的议会。托马斯·杰斐逊就认为，英国议会只是英国人的议会，殖民地有自己的议会，殖民地民众只是通过效忠英王而跟英国联系在一起；殖民地民众承认英国国王的合法性，但英国议会根本无权统治殖民地民众。由于英国没有成文宪法，该如何理解取决于人们怎样解释英国的宪法传统和惯例，而英国人对英国宪法的解释和殖民地民众对英国宪法的解释显然不一样。

可以看出，英国人和殖民地民众的利益和观念冲突非常明显，形成了严重的分歧，甚至到了无法调和的地步。因此，到 1775 年，双方爆发大规模冲突几乎是不可避免的。1776 年，美国的一些政治领袖，特别是约翰·亚当斯、托马斯·杰斐逊、本杰明·富兰克林等人，认为必须要脱离大英帝国，宣布独立。1776 年 6 月 11 日，"大陆会议"任命了五人起草委员会，包括杰斐逊、富兰克林、亚当斯、谢尔曼（Roger Sherman）和利文斯顿（Robert R. Livingston）。亚当斯建议，由杰斐逊首先起草宣言，然后由五人委员会修改，再交给大陆会议完善和表决。杰斐逊享有哲学家的美誉，他博览群书、知识渊博，遂接受重托。宣言起草表决后，五十六位大陆会议代表在上面签署了自己的名字。1776 年 7 月 4 日，《独立宣言》公之于世，殖民地宣告从英国独立。

从《独立宣言》的文本看，其内容是比较简单的，前面陈述独立的理由，后面列举英国国王干了哪些伤天害理的事情，或者说，是对他的具体指控。《独立宣言》的引言和序言部分，宣告了几项重要的基本原则，对美国的历史进程产生了深远影响。第一，它强调了自然法原则，也就是说，是自然法赋予了他们要求独立的权利。这可以被看作美国立国的超验基础，与《"五月花号"公约》中的神学渊源一脉相承。

　　第二，它强调了天赋人权原则，宣告人人生而平等，造物主赋予人们不可让渡的权利。宣言中那句气势磅礴、广为传诵的话："我们认为以下真理是不言而喻的：人人生而平等，造物主赋予他们某些不可剥夺的权利，其中包括生命权、自由权和追求幸福的权利。"人人生而平等的观念，意味着人与人之间没有高低贵贱之分，主要来自《圣经》和基督教传统。而"生命权、自由权和追求幸福的权利"之措辞表明，杰斐逊在很大程度上受洛克的影响，因为洛克在《政府论（下）》中明确提出过，人们拥有"生命权、自由权和财产权"，而杰斐逊在起草宣言时把"财产权"换成了"追求幸福的权利"。至于杰斐逊为什么这样做，是一个存在争议的问题。有人说，"财产权"包括的范围有点儿窄，而"追求幸福的权利"比较宽泛，可以涵盖"财产权"以及其他权利；也有人说，杰斐逊对"财产权"的提法有些意见，认为它应当受到一定的限制，所以不愿意使用"财产权"的表达。

　　无论如何，天赋人权的原则意味着，人们所享有的基本权利和自由是天赋的，不是任何实证法赋予的。或者说，所有的权利和自由都先于法律的，不是因为有了法律，人们才有了权利和自由；相反，是因为有了权利和自由，才有了法律，法律不过是承认或者确认了这些权利和自由而已。

　　当然，有人会质疑，说《独立宣言》中的平等理念和天赋人权原则，只适用于白人男性，而不适用于黑人和女性。必须承认，当时以及此后很长的时间里，黑人和女性的确没有被当作平等的人对待，其基本权利和自由也未得到充分保障。实际上，不仅《独立宣言》未能在实践中解决平等和自由的问题，《美利坚合众国宪法》也未能解决。奴隶制作为一个南方与北方的妥协被保留了下来，这当然是不幸的，但是，如果当时美国"国父"们坚持废除奴隶制，恐怕联邦是建立不起来的。尽管没有解决奴隶制的问题，但《独立宣言》中宣告的平等与天赋权利理念对后世影响很大，林肯总统在解放奴隶的时候就提出，宣言是美国的立国文件，在对待奴隶问题上，应当恪守平等原则。

第三，与《"五月花号"公约》一样，《独立宣言》强调政府的目的是保护人们的权利，也指出政府的合法性建立在同意原则基础之上。它宣告："为了保护这些权利，人类才在他们之间建立政府，而政府之正当权力，是经被统治者的同意而得到的。"这反映了社会契约论的传统，人们设立政府的目的是保护其权利，政府是人们通过自愿同意的契约建立起来的，不经过人们同意而设立的政府是没有合法性的。

《独立宣言》还指出，当政府不能保护人们的那些不可让渡的权利时，当人们遭受专制统治时，他们有权利甚至有义务改变或推翻它。这体现了人们有权反抗专制的原则，因为专制政府是背离人们设立政府的目的的。宣言告诉世人："一旦任何形式的政府破坏这些目标，人民就有权利改变或者废除它，并建立一个新的政府。新政府所根据的原则及其组织权力的方式，务必使人民认为，唯有这样才最有可能保障他们的安全与幸福。"

当然，宣言也表示，不应轻易地改变或更换政府，只有当它作恶多端，让人无法容忍时，才可以这么做。它是这么表述的："诚然，慎重会使得一个建立已久的政府不因微不足道的和暂时的原因而进行变更。过去的一切经验也都表明，人类更倾向于忍受尚能忍受的苦难，而无意为了本身的权益便废除他们久已习惯的政府形式。但是，当滥用职权和强取豪夺的行为连绵不断、层出不穷，证明政府追求的目标是企图把人民置于专制主义统治之下时，人民就有权利，也有义务推翻这样的政府，并为他们未来的安全建立新的保障。"在序言的最后，它指出："当今大不列颠王国的历史，就是一部反复重演的伤天害理、强取豪夺的历史。所有这些行径的直接目的，就是要在我们这些国家建立专制的暴政统治。"

然后，宣言用了大量的篇幅列举英国国王的罪状，包括：拒绝批准对公众利益最有益、最必要的法律；把各个殖民地的立法团体召集到异乎寻常的、极不方便的地方开会；屡次解散殖民地的议会；阻止殖民地人口的增长；拒绝批准建立司法机构，阻止司法工作的进行；把法官的任期、薪水以及支付方法完全置于国王自己的专断意志支配之下；未经殖民地民众同意而强行向他们征税；剥夺殖民地民众陪审团审判的权利；未经殖民地民众同意而在和平时期驻扎常备军；等等。这些罪状表明，英王在殖民地的统治令人无法容忍，他们必须反抗。

宣言的最后，申明了对待英国民众的态度："我们并不是没有顾念我们的英国弟兄。我们时常提醒他们，他们的立法机关企图把不合理的管辖权横加到我们的头上。我们也曾提醒他们注意，我们移民来此和在此定居的情况。我们曾经向他们天生的正义感和宽宏大量呼吁，恳求他们念在同种同宗的份上，弃绝这些掠夺行为，以免影响彼此的关系和往来。但是，他们对这种正义和血缘的呼声同样充耳不闻。因此，我们实在不得不宣布与他们脱离，并且以对待世界上其他民族一样的态度对待他们：和我们作战，就是敌人；和我们和好，就是朋友。"这是对英国民众的谴责，也是对他们的告诫，希望他们不要跟殖民地作对，否则，就只能分道扬镳了。

《独立宣言》发布之后不久就传到了英国，登在了英国的一些报纸上，然后传到了法国、德国等地。它被公认对法国的《人权与公民权利宣言》产生了影响，后者的主要起草者之一是拉法耶特（Marquis de Lafayette），而此人是杰斐逊、华盛顿以及汉密尔顿的好友。美国《独立宣言》还对很多国家的独立宣言产生了重要影响，包括 1816 年阿根廷《独立宣言》、1818 年智利《独立宣言》、1821 年墨西哥《独立宣言》、1835 年新西兰《独立宣言》、1849 年匈牙利《独立宣言》以及 1918 年捷克斯洛伐克《独立宣言》等。

如何评价美国革命？

美国独立，也被人称为"美国革命"。值得一提的是，独立是从 1776 年开始的，但要说美国革命的话，它包括的时段就不只是独立那一年，而要更长一些。有人认为，美国革命主要发生在战争期间，也就是 1775 年到 1783 年。还有人认为，1775 年之前，革命其实已经完成了，比如，美国"国父"、第二任总统约翰·亚当斯就持这样的看法。他在给杰斐逊的一封信中说："当我们说（美国）革命的时候，我们意味着什么？战争？那不是革命的一部分；它只是革命的影响和结果。革命在人民的心中，是在莱克星顿流血冲突之前的十五年——从 1760 年到 1775 年——之中发生的。"可见，在亚当斯看来，美国革命在战争爆发之前就已经发生了，或者说，在战争之前，人民在心中已经完成了革命，独立战争不是革命的一部分，而是它的结果。这种发生在心中的革命就是，要自由，不要专制，要独立，不要待在大英帝国之内。

美国革命发生的原因究竟是什么，学术界存在着一些分歧。譬如，历史学家查尔斯·比尔德认为，美国革命不是为了追求自由，那只是个说辞，主要是因为不同阶层之间的利益有冲突、有矛盾。这听起来有点儿像阶级斗争学说。后来的一些历史学家颠覆了这样的看法，哈佛大学著名历史学家伯纳德·贝林（Bernard Bailyn）写了一本很重要的书，叫《美国革命的思想意识渊源》。这本书提出了一个完全不同的看法，在作者看来，当时无论是媒体还是人们反抗时所鼓吹的自由，不是毫无意义的，并不只是一种说辞或宣传，他们所要追求的就是这个。他们之所以要跟大英帝国决裂，就是害怕英国在殖民地搞专制统治，他们无法接受一个专制的政府统治他们。他们甚至担忧，英国议会自 1688 年之后权力越来越大，殖民地民众有一天会遭受英国议会的奴役。从这个意义上讲，美国独立或者美国革命的目标就是追求自由，而不是因为不同的阶层之间有利益纷争，或者是一个阶级对另外一个阶级不满等。[1]

如果放到大的历史背景中去考察，我们会发现，美国革命在很大程度上受到诸多观念或思想的影响。比如，它受到了自洛克以来的古典自由主义思想的影响，洛克的《政府论》，不论在英国还是在北美殖民地都影响巨大。洛克强调，设立政府必须经过人们的同意，否则，它没有合法性；而且，设立政府的主要目标，就是保护人们的财产权。他所说的财产权比我们今天的财产权的含义要广泛得多，包括人的生命权、自由权和（狭义的）财产权利。北美殖民地的政治领袖们对这些理念耳熟能详。另外，古希腊罗马以来的自然法、自然权利思想也影响了殖民地民众，《独立宣言》中明确提出这种自然法、自然权利的思想，强调了天赋人权。此外，基督教传统和共和主义思想等，都对美国革命产生了影响。

我们应该如何评价美国革命？人们通常把它和其他一些革命进行比较，比如英国革命（"光荣革命"）、法国大革命、俄国革命，甚至中国革命。大致有两种说法：一种认为，英国革命、美国革命是温和的、非激进的革命，或者说，是一种改良；而法国革命、俄国革命、中国革命是激进的革命。毫无疑问，这种说法在特定意义上是站得住脚的，因为它们没有与过去彻底决裂，没有废除过去的一切法统。美国人并没有废除从英国继承的普通法，没有废除传统的司法制度、议会制度等，没有表示要建立一个全新的国家。他们仍然强调，他们

---

[1] Bailyn，Bernard. 1992. *The Ideological Origins of the American Revolution*. Cambridge，MA：Harvard University Press.

所做的一切都是建立在传统、习俗、道德、经验等基础之上的。从这个意义上讲，它当然不是一场激进的革命，跟法国革命、俄国革命、中国革命具有本质区别。

但是，从另一种意义上讲，美国革命也是非常激进的，一些美国历史学家指出，美国革命并不像我们想象的那么温和或者仅仅是改良，因为美国社会在那段时期发生了一些根本性的变化。比如，著名历史学家戈登·伍德（Gordon Wood）写了一本《美国革命的激进主义》。在他看来，说美国革命是激进的，是因为在美国独立前后，美国的整个社会发生了非常重大的变化，包括原先强调等级或不平等，后来走向共和，强调没有高低贵贱之分。这些观念深入人心，深入到家庭当中，深入到雇主和被雇用人之间，整个社会关系、社会结构发生了很大的变化。所以，从这个意义上讲，美国革命是一场激进的革命。①

还有，从主张独立的角度看，美国革命也比我们想象的要激进得多。当时，对于是否要从英国独立出来，分成了两派，他们之间的分歧非常大。一些人认为，殖民地决不应该独立，而应该留在大英帝国之内，独立是一个非常激进的想法，简直是大逆不道。这些人被称为"保皇派"或"效忠派"。另一些人主张，必须独立，必须跟大英帝国决裂。这种分歧甚至体现在一些家庭之中。比如，美国"国父"本杰明·富兰克林主张独立，而他的儿子威廉·富兰克林坚决反对，这导致父子二人关系破裂，水火不容。

---

① Wood，Gordon S. 1993. *The Radicalism of the American Revolution*. New York：Vintage Books.

无论如何，美国的独立都不是偶然的。殖民地人民的思想革命已经发生，他们向往自由，向往平等，向往共和，这些观念已经植根于民众心中，他们很难再跟大英帝国联系在一起。从这个意义上说，美国独立是一个水到渠成的过程，战争只不过是观念的变化积聚到一定程度后不可避免的产物。

谈到美国独立，人们还经常为一个重大问题而争论，那就是美国独立正当性的问题。有人质疑，殖民地凭什么独立？其正当性何在？它本来是大英帝国的一部分，突然宣布独立了，如何来论证这种独立的正当性？或者，从一般意义上讲，一个国家的一部分，在什么情况下，可以或者不可以从这个国家独立出去。从《独立宣言》的表述来看，独立的正当性来自于英国对殖民地的专制统治，来自于英国国王在殖民地的种种不义之举。在殖民地民众看来，这种专制统治背离正义，让人无法忍受，于是，他们宣告独立。《独立宣言》强调，政府的正当性建立在人们同意基础之上，当政府变得专制的时候，人们有权利甚至有义务改变或者推翻它。

不过，美国的独立是通过战争的方式来完成的。如果不是最终赢得了战争，英国可能不会承认美国独立的正当性。虽然战争常常是解决独立问题的手段，但关于独立正当性的理论依然值得考察。英文中有一个表达这种独立的词，叫"secession"，即从一个国家或联邦中脱离出去的意思。也就是说，生活在一个大共同体中的人，或者说，这个大共同体中的一个小共同体，可不可以分离出去，脱离这个政治共同体呢？今天，一种和平的脱离方式通常是移民，即移民到另一个国家去。但是，如果一个国家的一部分，比如一个县、一个市或者一个州等，不想待在这个国家之中了，想要成立一个新的国家或是独立出去加入另一个国家等，可不可以呢？这是一个不容易回答的问题，也是政治理论上争论非常大的问题。在一定程度上讲，这取决于我们如何理解政治共同体的性质以及人与人之间的关系。

如果说一个政治共同体是建立在人们同意基础之上的，它可以被看作一种契约关系，那么，是否应当承认人们有违约的自由？在私法领域，是承认违约自由的，契约自由也包括违约自由，只不过违约者要承担相应的责任。比如，A 和 B 订了一个买卖契约，但是 A 没有买 B 的货物，最后给 B 造成了一定的损失，那么，A 应该赔偿 B 的损失。但是，B 不能强制 A 必须履行这个契约。那么，组建政治共同体的社会契约是不是也可以像民事契约一样，当事人是否也有违反契约的自由？

如果一群人通过订立契约的方式组成了一个政治共同体，或者建立了一个国家，但是，有一天，其中的一部分人不愿意跟其余的人继续生活在该共同体之中了，能不能允许他们脱离出去？众所周知，婚姻也时常被看作一种契约，如果当事人不愿意在一起生活了，就可以离婚，当事人有结婚的自由，也有离婚的自由，法律不能禁止当事人离婚。如果以婚姻契约来类比社会契约，那么，由于人们有离婚的自由，似乎也应该有从一个共同体中分离出去的自由。并且，当事人离婚的自由不需要经过对方的同意，一些人从一个共同体中分离出去也不需要经过其他人的同意。问题在于，婚姻契约的性质与社会契约的性质是否一样，是否具有可比性等。

当然，理想的状态是，在这个地球上，人们可以自由组合，可以随意成立政治共同体或国家。如果一些人对生活在一个政治共同体内不满意，那干脆自己组建一个，或者，跟另外的人组建一个。这是一种理想化的方式，也是结社自由的体现，完全可以自由组成邦国。但是，在今天看来，这是不现实的，根本没办法做到，因为地球上几乎所有适合人类居住的地方已经被现有的民族国家瓜分殆尽。

就分离或独立的正当性而言，理论上的难题在于，如果一个小共同体中的所有居民都想分离出去的话，可能还好办，但是，如果只是其中的一部分想分离，而其余的居民不想分离，问题就比较难解决了。在这种情况下，有人主张采取全民公决的方式来决定。问题是，投票规则也很重要，是采用简单多数决——半数以上居民同意即可分离出去，还是采用超多数决——三分之二、四分之三以上或者更高比例的居民同意才可分离，这当然会使分离变得比较困难。是否从一个共同体中分离出去系一项重大事务，似乎应该要求更高的投票规则。毋庸置疑，全体一致同意更具合法性，但难度会大大增加，甚至永远都无法达到要求。

还有人提出，一个小共同体想从一个大共同体中分离出去，仅仅有小共同体中的居民同意还不够，还必须经过大共同体中其余所有居民的同意。可以想象，这样的要求几乎使任何分离都不可能，因为大共同体中的居民在大多数情况下都不会同意其中的一部分分离出去，尤其是在民族国家兴起之后。

　　试想，如果将这样的标准适用于美国独立，它显然是不可能发生的，因为不仅在当时的殖民地存在着反对美国独立的声音，而且在英国，大量的国民都反对美国独立。无论是内部（殖民地民众）的一致同意还是外部（英国本土国民）的一致同意，都不存在。美国独立的正当性，不是因为它是通过赢得战争的方式实现的，而是英国的专制统治背离了正义。

　　但是，有意思的是，美国独立之后，就再也没有承认过其中的某个部分可以从美国独立出去。尽管美国内部发生过很多独立事件，比如，1869 年曾经发生过得克萨斯州要求从美国独立出去的案件，但联邦最高法院的裁决是：《美利坚合众国宪法》不允许一个州单方面从合众国分离出去，因为各邦之间是一种永久的联合；得克萨斯与美利坚各邦的关系不只是一种契约（compact）关系，而是一种并入（incorporation）关系，这种关系是永久性的，是不可切断的，除非通过革命或者经过美利坚各邦的同意。有人说，美国本来是要建立一个更加完善的（more perfect）联邦，结果被联邦最高法院解释成了一个永久性的（perpetual）联邦。

举足轻重的各州宪法

　　《独立宣言》发布前后，各州纷纷制定了自己的宪法。这些宪法早于美国联邦宪法，对 1787 年制宪产生了重要影响。首先，独立之后，殖民地的民众对宪法和宪政的认识更加深入了，因为在独立之前，他们还没有意识到，宪法是一种更高级、更根本的法律。尽管那时的很多理论家仍然对"宪法"进行模糊的界定，包括法律、制度和习惯的汇集以及事物构成的方式等，但独立后的马萨诸塞市镇居民倾向于认为，宪法是"普通法律的根基"（the Basis and ground work of Legislation），由创建政治秩序的一系列基本原则组成，意在保障公民的权利和自由，"防止政府的侵犯"。1776 年 5 月 30 日的波士顿市镇会议提出，立法、司法和行政权力尽可能相互独立和分立，对于自由的保护至关重要，因为在由同样一些人行使三种权力的地方，没有对权力的制约，而这种制约是防止恣意立法的主要屏障。

这种认识的开创性在于，它将"宪法"看作根本大法，并将其与自由的保护和权力的限制密切联系起来。从 1780 年《马萨诸塞宪法》的"序言"中，可以看出宪法的根本法地位和宪法的契约性。该序言指出："政治共同体系由个人自愿结社而成。它是一个社会公约（social compact），据此全体人民与每一位公民订立圣约，每一位公民与全体人民订立圣约，所有的人都受制于确定的法律，以促进公共福祉。因之，在制定宪法时，人民的义务是确保公正的立法和对立法的公正解释，以及对立法的忠实执行；在任何时候，每一个人都能获得法律下的安全。"1780 年《马萨诸塞宪法》曾经在 1787 年的费城制宪会议上充当起草者的参考蓝本，可以想象它对后者可能产生的影响。

美国历史学家伍德甚至指出，1787 年的联邦宪法在很大程度上是此前┼年间州宪法的直接产物。可以毫不夸张地说，联邦宪法中的三权分立、两院制、司法独立等规定大都模仿了1776—1787年的州宪法。[①] 比如，1776年的《弗吉尼亚宪法》规定：立法、行政和司法机关应当分立，任何一个机关都不得行使其他机关的权力，任何个人也不得行使两种或者两种以上的权力；立法机关由两院组成，一个由每县选出的两名代表组成，另一个由相应选区选出的二十四名议员组成；州长或行政首长由两院联合选出，每年选一次，可连选连任，最长任职三年；法官由两院联合任命；品行端正的法官不得被解职，并享受固定而充裕的薪水；当行政首长或者法官有腐败、滥用权力等不法行为时，应受弹劾和处罚；等等。1777年的《纽约宪法》、1780年的《马萨诸塞宪法》、1784年的《新罕布什尔宪法》等大都规定了类似的内容。

同时，各州宪法中的"权利法案"（或者"权利宣言"）也对1791年联邦宪法中的《权利法案》（前十条修正案）影响甚大。比如，1776年的《弗吉尼亚权利法案》（亦称《弗吉尼亚权利宣言》）规定，所有的权力都来自于人民；政府存在的目的是促进公共福祉并确保人民的幸福和安全，否则，人民有权改革甚至推翻它；所有的人都天生平等和自由，享有不可剥夺的生命、财产和追求幸福的权利，享有选举权、陪审团审判权、新闻出版自由、宗教自由；未经当事人或者其代表的同意，不得擅自征用任何人的财产；不得对任何人无故进行搜

[①] Wood，Gordon S. 1972. *The Creation of the American Republic, 1776-1787*. New York：W.W. Norton & Company.

查，不得非法查封和扣押其房屋及其他财产；不得要求过高的保释金，不得设定过高的罚金，不得课处残酷的刑罚；民兵组织应当严格规范，并不得在和平时期维持常备军；等等。

1780 年的《马萨诸塞权利法案》，除了确认大部分上述公民基本权利和自由外，还规定：公民享有自治权、持有枪支权；不得强迫任何人自证其罪；未经人民或者其代表的同意，不得征收赋税和其他各种费用；在和平时期，未经主人同意，士兵不得驻扎在其家中。这些自由和权利大都出现在 1791 年通过的美国宪法《权利法案》之中。在联邦《权利法案》规定的二十六项基本权利和自由中，二十五项曾出现在 1776—1787 年的州宪法之中。

由此可见，美国宪政在很大程度上并非始自 1787 年的联邦宪法，而是源于殖民地时期和独立时期的地方立宪试验和宪政实践，源于深厚的地方自治传统。难怪托克维尔 1830 年代考察美国时，令他惊诧不已的不是联邦的强大和权威，而是乡镇的自治和自由。他发现，美国宪制民主的根基是乡镇自治和地方自由，他不无感慨地说："乡镇集会（town meetings）之于自由，就如小学之于学问一样。它们将自由带到了人们身边，并教他们如何享用。一个国家也许可以确立一个自由的政府，但是，没有地方自治制度，它不可能具有自由的精神。"[1]没有乡镇自治和地方自由，只能产生"温顺的臣民"（good subjects），

---

[1] Tocqueville，Alex de. 1990. *Democracy in America*. Ed. Phillips Bradley. Vol.1. New York：Vintage Books. First published in 1835. p.61. 应当指出，这里的译文与董果良先生的中译本略有不同，参见［法］托克维尔《论美国的民主》上卷，董果良译，商务印书馆 1988 年版，第 67 页。

而不会产生"活跃的公民"（active citizens）。托克维尔指出，新英格兰的居民热爱他们的乡镇，是因为它们的独立和自由，因为他们自身的福祉与乡镇的利益密切相连。在那里，每一个居民都可以参与到公共事务中去，践行自主治理的技艺，理解权力制衡的作用，熟悉促进自由之道，深谙遵守秩序之理。[①] 一位美国历史学家曾指出："无论谁要想真正地理解美国，必须认识到它不是一个中央集权国家，而是一个由无数小共同体组成的联邦，在这里，地方政府仍然扮演着强有力的角色。"[②]

[①] Tocqueville，Alex de. 1990. *Democracy in America*. Ed. Phillips Bradley. Vol.1. New York：Vintage Books. First published in 1835. pp.67-68.

[②] Nettels，Curtis P. 1940. *Roots of American Civilization: A History of American Colonial Life*. New York：F. S. Crofts & CO. p.162.

第二章 制宪会议是如何召开的?

我们新政府的确立,似乎是通过适当的公约在公民社会中促进人类幸福的最新伟大实验。在很大程度上讲,它首先是一个妥协的政府(government of accommodation),同时是一个法治政府(government of laws)。它的确立,部分靠审慎,部分靠妥协,部分靠坚毅。

——乔治·华盛顿

1787 年夏天，在美国历史上，甚至在人类历史上，发生了一件大事：五十五位代表聚集在费城，召开了一个具有划时代意义的会议，人们习惯上称之为制宪会议。其实，严格来说，它并不是"制宪"会议，而是"起草宪法"会议，因为会议结束时形成的文件并非在签署之后即刻生效，而是需要各州的批准后才能生效。因此，准确地说，不是这五十五位代表制定了一部宪法，而是他们起草或者撰写了一部宪法，他们只是一个起草委员会。因为这部宪法得到了各州的批准并生效了，人们才把这次会议称作制宪会议。

1787 年的夏天究竟发生了什么？这部宪法是如何被起草出来的？当时的与会者都是些什么人？他们之间出现了怎样的分歧，又有着怎样的共识？……这些问题令人着迷，吸引了无数人的目光，无论是研究者还是普通民众。由于当时的会议是关起门来举行的，并且与会者一致同意，不得在开会期间泄露会议的内容，这次会议就显得更加神秘。越是神秘，人们越是想要了解它。制宪会议已经过去了两百余年，人们依然对它兴趣不减。

今天，我们对制宪会议的了解，主要是依赖当时参加者的一些记录和回忆，但基本上都是零散的，虽然很多历史学家进行了尝试和努力，大量的细节可能再也无法还原。就会议记录而言，麦迪逊的记录可能最为完整，从开会之初他就决定要把整个会议记录下来。虽然这个会议有正式的记录者，但那份记录的内容非常简单，而麦迪逊的记录则比较详细。在那样一个据说是极其炎热的夏天，关着门开会并记录，的确是一件很痛苦的事。

根据这些零散的记录和回忆，去还原一下 1787 年夏天发生的故事，是很有意思的事情。这个故事对后世影响深远，值得历史学家们认真探究和考察。

为何要召开制宪会议？

为何要在 1787 年召开制宪会议？大致而言，有四个原因：

第一个原因是，1776 年北美十三个州独立之后，各自为政，每个州基本上就是一个独立的政治共同体。它们认为，自己就是一个主权国家。独立之后不久，"第二届大陆会议"任命的委员会起草了一个各州之间的协议，史称《邦联条例》，直到 1781 年 3 月 1 日才获得各州批准。据此，各州之间形成了一种邦联关系。它们之所以制定《邦联条例》，是为了共同防御外来入侵者，以及保护自己的自由，促进公共福祉，形成一种互相帮助的盟友关系。根据《邦联条例》，每个州都是高度独立的，授予邦联国会的权力非常有限。

虽然十三个州组成了一个邦联，但由于它们都是独立的主权国家，基本上还是各自为政，在许多制度和政策上相互之间的差别很大，因此，它们经常因贸易、税收、领土、通航等政治经济问题发生一些矛盾和摩擦，争执不下。在这种情况下，十三州民众认识到，他们从大英帝国独立出来，获得了自由，但是，很可能会被内部的冲突、纠纷和矛盾所摧毁，自由可能会丧失，这促使他们反思该如何改善相互之间的关系，或者说，如何找到一种解决机制，解决各州之间的冲突和矛盾。这是推动他们重新制宪的原因之一。

第二个原因是外来的威胁。当时，英国、西班牙等国家的殖民地就在周边，这些帝国军事力量强大，随时可能会在各州之间发生冲突的时候乘机入侵，将它们吃掉。作为一个新建立的盟邦，它们毕竟还很脆弱，没有强大的军队，打败大英帝国基本上靠的是民兵组织。一些州跟这些帝国的殖民地接壤，随时可能因为领土、航海或者贸易而发生冲突，这迫使各州想办法让自身更强大一些，以对抗外来的入侵。毋庸置疑，对各州而言，这是一个重要的激励。

第三个原因是，当时的《邦联条例》存在一些致命的缺陷，难以发挥构建一个全国性政府的作用。根本而言，邦联是一个主权国家之间的联合或者联盟，而不是一个严格意义上的政府，因此，邦联政府是非常脆弱的，它制定的很多政策和法律根本无法得到落实。邦联政府的统治对象是州而不是个人，比如，邦联政府每年要求各州要缴纳

·定数额的税，倘若某个州不缴该怎么办？如何迫使它缴？除了动武或者打仗之外，别无他法。邦联政府总不能把一个州抓进监狱吧？也就是说，邦联政府的根本缺陷之一在于，它不能通过和平、理性的方式执法，不能通过起诉、审判以及执行判决的方式执行法律，只能通过武力迫使州遵守邦联的法律。这种情势下，邦联政府很难在各州树立起权威，因为各州对其法律和政策可以采取置若罔闻的态度，而邦联却无计可施，拿它们没有办法。可以想象，这样的邦联十分脆弱，甚至形同虚设。

第四个原因是"谢司起义"（Shays' Rebellion）或者"谢司暴动"。美国独立战争结束后，在马萨诸塞州的农村地区，一些民众因为经济问题而不断举行抗议，在谢司的领导下，演变成了大规模的暴动。谢司是一位参加过独立战争的大陆军士兵，1780 年受伤回家，军队没有向他支付报酬，他到家后发现被人起诉欠债，于是就开始组织债务救济。1786 年 8 月，谢司和一些人开始在马萨诸塞的斯普林菲尔德等地大规模抗议税收等政策，甚至企图关闭法院、占领邦联弹药库，与政府招募的民兵组织发生了冲突，但很快就溃散了，到 1787 年 2 月，起义者大势已去，虽然断断续续的反抗持续到了 1787 年 6 月。

谢司起义对乔治·华盛顿触动很大，使其决定重新出山参加制宪会议。独立战争结束后，他本来已经回到家乡的农场颐养天年去了。但起义发生后，他感觉邦联政府太过脆弱，必须得建立一个更加有力的政府，人们的生命、自由和财产才可能安全。有意思的是，托马斯·杰斐逊对谢司起义很不以为然，他说，时不时地来一点起义，是一件好事，"自由之树必须时不时地用爱国者和暴君的鲜血浇灌一下。它是其天然养料"。① 当时，杰斐逊正出任美国驻法国大使，对民众的反叛或者暴动充满了同情。不过，对于谢司起义在多大程度上影响了制宪会议的召开，以及促使人们呼吁建立一个更强有力的全国性政府，历史学家们有不同的看法。

制宪会议的召开，还有一个更加直接的因素，那就是，1786 年 9 月，来自五个州的十二位代表——包括汉密尔顿和麦迪逊——参加了在马里兰的安那波利斯召开的一个会议，史称"安那波利斯会议"。它主要讨论如何取消各州的贸易保护主义政策等问题，会议形成的报告请求邦联国会支持次年 5 月在费城召开一个更广泛的修改宪法会议，就是今天我们常说的制宪会议。

其实，制宪会议本来的目的是修改宪法，即修改《邦联条例》，在原先的基础上加强一下邦联政府的权力，而不是去制定一部新的宪法。但是，很多代表发现，在原先那个《邦联条例》上修修补补无法解决根本问题，所以，最后就变成了另起炉灶，起草一部新宪法。这样做带来了一个问题：很多人反对新宪法，认为它没有合法性——最初是让代表们去修改宪法的，结果，他们制定了一部新宪法。

总而言之，诸多因素共同促成了制宪会议的召开。

---

① Jefferson，Thomas. 1904. *The Works of Thomas Jefferson, Vol. V.* Ed. Paul Ford. New York：G. P. Putnam's Sons. p.362.

谁参加了美国制宪会议？

杰斐逊曾经说过，参加制宪会议者是一群"半神半人"（demigod）一样的人。在他看来，会议参加者都是当时美国出类拔萃的人物。我们不妨逐一考察一下，这些与会者都是些什么样的人，他们是否像杰斐逊说的那么了不起。考察这些或许能给我们一点启示：谁有资格去参加制宪会议，或者说，制宪会议要求参加者具备什么样的能力和品格，什么样的参加者才可能起草出《美利坚合众国宪法》这样施行至今的根本法来。

众所周知，参加制宪会议的代表一共有五十五位。本来，美国的十二个州一共任命了七十多位代表，但是，很多人拒绝参加，罗得岛州甚至没有派代表参加。一些代表拒绝参加，主要是他们觉得这个会干不成什么事，没什么太大的前途。当时邦联政府是一个很弱的政府，很多政治家都不把心思花在邦联政府上，而是认为各州的政治更加重要，因此，一些非常有名、非常有影响力的人物对这个会议不感兴趣，拒绝参加。而且，参会的这五十五位代表，也不是自始至终全程参加，不是同时出席，有些人一会儿因为家里有事或者生病暂时离开了，一会儿因为对会议失去信心走了，他们来来往往，在大部分情况下，完整参加会议的估计不超过三十人。

就年龄而言，参加制宪会议的代表们大都比较年轻，平均年龄在四十二三岁，最大的要数本杰明·富兰克林，他当时已经八十一岁，进入耄耋之年，而最年轻的只有二十多岁，在制宪会议上扮演重要角色的人物——诸如詹姆斯·麦迪逊和亚历山大·汉密尔顿——也不过三十几岁。

这五十五位代表大都对美国独立或者美国革命立下过汗马功劳，他们以各种方式参加过那场革命，不少与会者当过大陆会议的代表，大约四分之三的人是邦联国会的议员，几乎所有的代表都有过从政经验，在殖民地政府或者独立后的州政府任过职。可见，他们有着共同的经历，大都从独立战争中走过来，对邦联政府的运作和缺陷了如指掌，这对他们达成共识肯定是有帮助的。他们不是一群只会纸上谈兵、高谈阔论的代表，而是有着大量政治实践和丰富政治经验的精英。

在这五十五位代表中，有六位同时签署过《独立宣言》和《美国宪法》这两份重要立国文件，包括本杰明·富兰克林、詹姆斯·威尔逊等；有两位同时签署过《独立宣言》、《邦联条例》和《美国宪法》，他们是罗杰·谢尔曼和罗伯特·莫里斯（Robert Morris）。

参加制宪会议的代表大多是一些有名望、有成就的人士，包括政治家、律师、商人、医生、牧师等，还有几位小农场主。大部分代表都拥有土地，生活富足，其中最富有的代表包括后来担任第一任总统的乔治·华盛顿和古弗尼尔·莫里斯（Gouverneur Morris）等人。有人据此认为，1787 年宪法反映的是富人或者有产者的意志，对中下层及底层民众不利。这种看法是有失偏颇的，这部宪法适用于当时所有的白人，哪怕一个人很穷。黑人被排除在外当然是事实，连妇女的投票权也没有保障（后来，通过修宪或者对宪法中的某些条款扩大解释的方式，将黑人和妇女包括了进去），这当然是很遗憾的。但是，说宪法只反映了有钱人的意志，恐怕是站不住脚的。而且，很多人从政之后家里的经济状况其实变差了，包括后来当过总统的杰斐逊、麦迪逊等人，他们从政之后，无暇打理家里的农场，致使家境惨淡。他们是名副其实的政治家，为公共事务付出了很大的代价。

在参加制宪会议的五十五位代表中，有一半以上接受过法律训练，还有几位当过法官，大约四分之一的代表主要从事律师职业。毋庸置疑，他们对自《大宪章》以来的英国宪政和法治传统耳熟能详，对普通法的技艺和精神了如指掌，对三权分立思想和司法独立原理谙熟于心，他们不可避免地将法律专业知识、对程序正义的偏好、对权力的警惕以及对秩序的热爱等带入宪法起草过程中，对宪法的文本、精神和气质产生了难以估量的影响。

值得一提的是，一些大名鼎鼎的人物或者"国父"，由于各种原因缺席了这次载入史册的制宪会议。其中，托马斯·杰斐逊当时正出使法国而未能参加。众所周知，杰斐逊起草了《独立宣言》，有"哲学家"的美誉，后来当过第三任总统，堪称麦迪逊的"精神导师"，二人私交甚好。正由于此，虽然杰斐逊未能亲临现场，但他通过和麦迪逊的通信而对制宪会议有所了解，也有可能通过这种方式对制宪会议以及后来的宪法批准间接产生了影响。据说，在制宪会议召开之前，麦迪逊就不时地让杰斐逊从欧洲寄来很多书籍供自己参阅。

约翰·亚当斯也是一位错过"制宪会议"的重量级人物，他当时正出使英国。他不仅是一位出色的政治理论家，精通共和主义，著有《政府片论》（*Thoughts on Government*），而且对推动美国独立功勋卓著，是《马萨诸塞宪法》的主要起草人，后来，还紧接着开国总统华盛顿，当了第二任总统。他和杰斐逊既是朋友又是政敌，两人在同一天去世，那一天也是美国宣布独立五十周年纪念日，即 1826 年 7 月 4 日，杰斐逊比亚当斯早去世了几个小时。亚当斯的夫人也很了不起，她自学成才，善于交际，开创了"第一夫人"的先河，并且文采飞扬，她和亚当斯的通信备受赞誉。他们夫妇二人还培养出了美国第六任总统约翰·昆西·亚当斯（John Quincy Adams）。亚当斯家族在美国早期历史上赫赫有名，可与现代的肯尼迪家族、布什家族比肩。

接下来，我们逐一看看这五十五位代表具体都是谁，他们是哪个州派来的。首先介绍弗吉尼亚州的代表。毫无疑问，弗吉尼亚州当时是最积极的，第一个派代表团到达费城。弗吉尼亚一共派出了七位代表，由州议会两院选出，阵容强大、豪华，包括几位一流的政治家和政治理论家。

弗吉尼亚州第一位代表是赫赫有名的乔治·华盛顿，时年五十五岁，是北美最受欢迎的人。成功领导美国革命的功绩以及成功之后急流勇退的高贵品质，让他赢得了人们的尊重和崇拜。他的出席对制宪会议的顺利召开至关重要，他就是一颗定心丸，很多代表都觉得只要有他在，这个会就能有点儿成果。如果他不出席，大家的争论可能会比较激烈，难以达成一致，甚至可以说，没有他这样一个主心骨在那里，会议可能会半途而废。他被推举为会议的主席，负责主持会议，但他在整个的制宪会议上很少发言。华盛顿不是一个理论家，主要是通过独立战争脱颖而出，他是一个行动派，一个实践家。

第二位代表是埃德蒙德·伦道夫（Edmund Randolph）。他当时是弗吉尼亚州州长，只有三十二岁。见过他的人说，他是一个帅哥，举止庄重，能言善辩，是一位年轻有为的政治家。值得一提的是，在制宪会议结束时，他拒绝在美国宪法上签字，成为当时三位在现场但拒绝签字的代表之一，因为他认为新宪法中的制衡机制不充分。有意思的是，1788 年弗吉尼亚州召开批准宪法大会时，他又转而支持，因为当时已经有八个州批准了新宪法，他不想让弗吉尼亚州留在联邦之外。

第三位代表是约翰·布莱尔（John Blair），他是弗吉尼亚州最高法院的法官，据说是弗吉尼亚州最受尊敬的人之一。人们对他的评价是，此人衣着得体，是一个谦恭绅士，但口才不佳，不是一个演说家，在制宪会议上并未发挥重要作用。

第四位代表是大名鼎鼎的詹姆斯·麦迪逊。他是该州代表团中最不显眼的一位，他身体瘦弱，个子矮小，据说只有一米六三，这在美国人当中是比较矮的。他也不太善于社交，总是身着一身黑衣。麦迪逊毕业于新泽西学院（今普林斯顿大学的前身），跟随约翰·威瑟斯普（John Witherspoon）学习了政治哲学。威瑟斯普也是位了不起的人物，长期担任新泽西学院的校长，签署过《独立宣言》。这位校长兼教授桃李满天下，堪称名师出高徒，他的学生当中，出了十二位大陆会议代表、十位部长阁员、二十八位国会参议员、四十九位国会众议员、三十七位法官，其中三位美国联邦最高法院法官。

参加制宪会议时，麦迪逊虽然只有三十六岁，但已经有多年的从政经验，他当过弗吉尼亚州议会议员和大陆会议代表，积极参与公共事务。佐治亚州的代表威廉·皮尔斯（William Pierce）这样描述他对麦迪逊的印象："每个人似乎都认识到他的伟大。他将深刻的政治家与博学之士集于一身……尽管谈不上是一个演说家，但他是一位非常令人愉悦、雄辩而令人心服的发言人……他也许是整个邦联中最通晓美国公共事务的人。"可以说，麦迪逊是一个政治经验丰富的一流政治学家。在制宪会议上，他是发言最多的代表之一，而且经常能抓住要害、掷地有声。他不仅积极参与每一次讨论，而且详细记录了会议的内容，为后世留下了一份研究制宪会议的宝贵资料。因其在制宪会议上的卓越贡献，人们将"美国宪法之父"的称号送给了他，但他非常谦虚，拒绝接受这样的美誉，认为美国宪法是众人努力的结果，决不是他一个人或者几个人的功劳。1789 年，麦迪逊又起草了美国宪法前十条修正案，即《权利法案》，因此，他又得名"权利法案之父"。后来，麦迪逊当了美国第四任总统，晚年还当过弗吉尼亚大学的校长，该校由杰斐逊创办。他 1836 年去世，活了八十五岁，是最后一位驾鹤西去的美国"国父"。不过，他晚年精神状态不太好，身体状况也不佳。

第五位代表是乔治·威斯（George Wythe）。他是《独立宣言》的签署者，当时已经五十五岁，是知名学府威廉·玛丽学院的著名法律教授，当过十年的弗吉尼亚首席法官。

第六位代表是闻名遐迩的乔治·梅森。他是《弗吉尼亚权利法案》的起草人，也是民权和州权的最有力倡导者之一。麦迪逊对他的评价很高，说他是自己曾经见过的最有天赋的论辩家。此人堪称一位老派绅士，不失威严但有些顽固。制宪会议结束时，他拒绝在新宪法上签字，主要理由之一是，宪法中没有包括"权利法案"。

弗吉尼亚州第七位代表是博学的外科医生詹姆斯·麦克鲁格（James McClurg），他没有参与公共事务的经验，顶替的是帕特里克·亨利的位子，就是那位在美国独立时喊出"不自由，毋宁死"的雄辩家。亨利本来被任命为代表，但他拒绝参加，当被问到为何拒绝时，他的回答是："我感到事情不妙，正迈向君主制。"他担心新宪法赋予行政机关太大的权力，可能会蜕变成君主制。

在弗吉尼亚州之后，积极参加制宪会议的是新泽西州。该州派出了六位代表，这些代表无论在声望还是能力方面，都无法与弗吉尼亚代表团相提并论。它的第一位代表是大卫·布里尔利（David Brearley），时年四十一岁，是新泽西州最高法院的首席法官，能力出众，受人尊敬。第二位代表是威廉·休斯敦（William C. Houston），他在新泽西学院当过十二年的数学教授，四十岁之后开始做律师，曾被任命为该州最高法院书记官，参加过1786年的安那波利斯会议。第三位代表是威廉·皮特森（William Peterson），他是爱尔兰后裔，刚过四十岁，是大陆会议和安那波利斯会议的代表，当了十一年州司法部长。他身材矮小，为人谦逊，知识渊博，能力出众，辩才过人。第四位代表是威廉·利文斯顿（William Livingston）。他是该州州长，也是一位智者、作家，言行不羁，但受人尊重，多次当选州长，当时大约六十岁，身材修长。他顶替的是拒绝参加会议的约翰·尼尔森（John Neilson）的位子。第五位代表是乔纳森·代顿（Jonathan Dayton），他参加了美国革命，表现出色，参加制宪会议时年仅二十七岁，是最年轻的代表之一，也是该州议会的议员。第六位代表叫亚伯拉罕·克拉克（Abraham Clark），此人被任命后，从未参加会议。

　　接下来是宾夕法尼亚州代表团，该州一共派出了八位代表，任何四位均可代表该州。代表团的领队是托马斯·米夫林（Thomas Mifflin）将军，他参加过独立战争，当过大陆会议的代表和主席，时年四十三岁。第二位代表是罗伯特·莫里斯（Robert Morris）。他是一位商人，身材魁梧，气宇轩昂；出钱赞助美国革命，号称"美国革命的融资家"。他当过大陆会议代表，是《独立宣言》和《邦联条例》的签署人。此人能言善辩，当他在宾州议会演讲时，据说能征服所有的在场者。他是邦联时代的"财政部长"，由于邦联的财政困境，他参加制宪会议时被寄予厚望。他也是华盛顿的好友，华盛顿参加制宪会议时就住在他家。

　　第三位代表是詹姆斯·威尔逊（James Wilson）。他是该代表团中最坚定的人，也是整个制宪会议中最坚定的人之一。威尔逊出生于苏格兰并在那里接受了教育，二十三岁时来到美国，两次任大陆会议代表，是《独立宣言》的签署人。参加制宪会议时，他四十五岁，正值盛年，被认为是美国最出色的法律人之一，后来当过最高法院的法官，以及费城学院（后并入宾夕法尼亚大学）的第一位法律教授。威尔逊身材魁梧，高度近视，备受尊敬，但据说没什么人喜欢他。

　　第四位代表是古弗尼尔·莫里斯。他可能是宾州代表团甚至整个制宪会议中最有才华的一位，机智聪明而且胆量过人，他口才一流，令人钦佩，但他的缺点是让人难以信任，因为他经常前后不一，并被怀疑品德不佳、缺乏原则。此人向来斗志昂扬，一条残废的胳膊和一条木头腿并不能挫败他的精神。

第五位代表是本杰明·富兰克林。众所周知，他是一位博学之士，集科学家、发明家、政治家、出版家、作家、外交家等于一身，有"美国的苏格拉底"之称。他为美国独立立下了汗马功劳，参与起草并签署了《独立宣言》，后来，当过驻法国大使、宾夕法尼亚州州长等。他在声望和受欢迎程度上仅次于华盛顿，但参加制宪会议时，已经八十一岁高龄，有点儿年老体衰了。

宾夕法尼亚州代表团的第六位代表是乔治·克莱默（George Clymer），曾签署《独立宣言》，是一位有能力但缺乏自信的老好人。剩下的两位代表，分别是费城最出色的律师之一杰瑞德·英格索尔（Jared Ingersoll）和爱尔兰裔知名商人托马斯·菲茨西蒙斯（Thomas Fitzsimons）。

下一个是北卡罗来纳代表团，共由五位代表组成，没有出类拔萃的人物，任何三位均可代表该州。第一位代表是亚历山大·马丁（Alexander Martin），当过该州州长，曾在军中服役，但因懦弱被解职。第二位代表是不到三十岁的威廉·戴维（William R. Davie），是制宪会议上最年轻的成员之一，受欢迎但不出色。第三位代表是理查德·斯佩特（Richard D. Spaight），也不到三十岁，当过邦联国会的代表，后来也出任过该州州长。第四位代表是休·威廉姆森（Hugh Williamson），他是一位医生、牧师，曾任费城学院的数学教授，性格古怪，喜欢辩论，但口才不佳。第五位代表是威廉·布朗特（William Blount），两次任大陆会议代表，为人忠诚但能力平庸。

特拉华州也派出了五位代表，任何三位均可代表该州。该代表团中最著名的一位是约翰·迪肯森（John Dickinson）。此人能力出众、学识渊博、真诚严肃，但紧张、敏感、谨慎到了胆怯的边缘，因拒绝签署《独立宣言》而使其名声受损，虽然后来重返国会并相继担任特拉华州和宾州州长，但从未再次完全赢得民众的信任。他是《邦联条例》起草委员会主席，参加制宪会议时五十五岁，但看起来更老一些。

第二位代表是乔治·里德（George Read），他个子矮小、身材瘦弱，尽管是一位能力出众的律师，但不善言辞。他是《独立宣言》签署人、大陆会议代表、安那波利斯会议代表，参加制宪会议时五十四岁。该代表团中的另外三位是冈宁·贝德福德（Gunning Bedford）、理查德·巴塞特（Richard Bassett）和雅克布·布朗（Jacob Broom），他们在制宪会议上基本是默默无闻，很少发言。

佐治亚州派出了四位代表，其中最出众的一位要数亚伯拉罕·鲍德温（Abraham Baldwin）了。他时年三十三岁，在耶鲁学习并在那里教过几年书，美国革命期间曾在军中任牧师，当过律师、州议会议员，还是佐治亚大学的创始人和校长，两次成为大陆会议代表。第二位代表是威廉·菲尤（William Few），他是一位靠自我奋斗而成功的人，当过律师、州议会议员，两次成为大陆会议代表。第三位代表是威廉·皮尔斯，此人参加过美国革命，并成为大陆会议代表，谈吐幽默风趣，参加制宪会议时将近五十岁。在制宪会议上，他做了一些笔记，并对与会代表进行了素描式记录。佐治亚州第四位代表叫威廉·胡斯顿（William Houstoun），在英国受过良好教育，在伦敦著名的内殿律师会馆（Inner Temple）学习过。

纽约州派出了三位代表，最重要的成员当属亚历山大·汉密尔顿。他是制宪会议中身材最矮小、智慧最出众的代表之一，在纽约州做律师，力主建立一个更强有力的全国性政府。当时，他年仅三十岁，但已经在美国革命、州议会、大陆会议、安那波利斯会议中声名远扬。独立战争期间，他当过华盛顿总司令的助手，曾在国王学院——今天的哥伦比亚大学——学习，创办了纽约银行——现存美国最古老的银行。他的辩论令人信服，但不是一位出色的演说家；他太自负、傲慢以至于不受欢迎，但他的能力、创造性和勇敢令人尊重和佩服。

制宪会议结束后，正是汉密尔顿为推动新宪法的批准，召集麦迪逊和杰伊写了《联邦党人文集》。后来，他当过联邦政府首任财政部长，是联邦党的创始人之一，1795年回到纽约做律师。由于他的反对，约翰·亚当斯在1800年失去了再次当选总统的机会，他又在杰斐逊和亚伦·伯尔（Aaron Burr）的总统竞选平局中支持杰斐逊而使后者失去了问鼎总统的机会。虽然他和杰斐逊在观点上势不两立，但他认为杰斐逊有原则，而伯尔没有原则，什么事都干得出来。1802年，副总统伯尔竞选纽约州州长，汉密尔顿再次反对他，导致二人积怨甚深，伯尔提出要与汉密尔顿决斗。1804年7月11日凌晨，二人在哈得逊河岸边决斗，汉密尔顿身负重伤，次日即不治身亡，年仅四十七岁。

巧合的是，他的大儿子两年前（1802）同样因决斗而亡。

据说，当伯尔提出决斗时，汉密尔顿并不想接受，但又觉得不接受面子上过不去，于是就接受了。关于这场决斗当中谁先开枪到现在一直都有争论，有人说，是汉密尔顿先开枪，但他故意打偏了，还有人说，是伯尔先开枪，汉密尔顿故意等到他开枪之后才开枪，然后正好被击中了，反正是很传奇也很不幸的故事。他非常年轻就去世了。伯尔这个人也很有意思，他当时是副总统，因为这事被起诉了，但最后发现也没什么证据治他的罪，后来，他流亡国外多年。在那个年代，副总统在位期间居然可以参加决斗，在今天看来真是不可思议。

纽约州另外两位代表的观点与汉密尔顿相左，他们反对强有力的全国性政府。其中一位叫罗伯特·耶茨，是纽约州最高法院法官，曾是纽约议会议员，担任 1777 年州宪法起草委员会委员，参加制宪会议时差不多五十岁。另一位叫约翰·兰辛（John Lansing），是一位年轻的律师，曾任州议会议员、阿尔巴尼市长、大陆会议代表。

南卡罗来纳州派出了四位代表，任何两位即可代表该州。第一位代表是约翰·拉特利奇（John Rutledge）。此人在当时是一位卓越的演说家，年近五十岁，当过邦联议会代表、州长和法官，能力出众，智慧大胆。有两位代表是堂兄弟关系，查尔斯·平尼克（Charles Pinckney）和查尔斯·科茨沃斯·平尼克（Charles Cotesworth Pinckney），前者参会时还不到三十岁，是最年轻的代表之一，他聪慧过人，能力不凡；后者四十一岁，参加过独立战争，在牛津大学学习过，当过律师。第四位代表是皮尔斯·巴特勒（Pierce Butler），曾在英军中服役，后卖掉家当，定居北美，当过南卡罗来纳州议会议员、邦联国会代表，参加制宪会议时四十三岁。

马萨诸塞州也派出了四位代表。虽然它任命了五位，但只有四位同意参加，并且，任何三位均可代表该州。第一位代表是埃尔布里奇·格里（Elbridge Gerry），是一位成功的商人，对商业和财政问题感兴趣，也是该州的一位重要政治家，签署过《独立宣言》和《邦联条例》，两次出任邦联国会代表，参加制宪会议时四十三岁。第二位代表是赫赫有名的鲁弗斯·金（Rufus King）。此人中等身材，堪称魅力型超级帅哥，毕业于哈佛，是一位出色的演说家、律师、政治家、外交家，出任过大陆会议代表、邦联国会代表。他曾经反对对邦联进行激进的改革，但后来改变主意。他参加制宪会议时年仅三十二岁，在制宪会议中发挥了重要作用。第三位代表是纳撒尼尔·戈勒姆（Nathaniel Gorham），曾两次成为邦联国会代表，并曾担任主席。他当时已经五十岁了，能力一般，但备受尊重。第四位代表是凯莱布·斯特朗（Caleb Strong），时年四十二岁，可靠但不聪明，是一位备受尊重的人物。

康涅狄格州派出的代表不多，只有三位，但都是出类拔萃的人物，属于精兵强将。首推代表罗杰·谢尔曼，时年六十六岁，是制宪会议中第二年长者，仅次于富兰克林。此人身材高大，笨拙土气，但能力出众，充满实践智慧，几乎从不失手。他当过制鞋匠、历书制造者、律师、法官、纽黑文市长，也是邦联国会代表，他还是唯一一位签署了《大陆联盟》（*Continental Association*，1774）、《独立宣言》、《邦联条例》以及《美国宪法》四份立国文件的人。他在制宪会议上表现十分积极，可谓贡献卓著，对《弗吉尼亚方案》发言次数达一百六十次，仅次于麦迪逊（一百七十七次）。

第二位代表是威廉·约翰逊（William Samuel Johnson），是美国最博学的人之一，获得牛津法律博士学位，总是被称为"博士"，他当过律师、法官以及哥伦比亚大学校长，参加制宪会议时已六十岁。第三位代表是奥利弗·埃尔斯沃思（Oliver Ellsworth），时年四十二岁，是该州最高法院法官，备受尊重，能言善辩，口才一流。

马里兰州派出了五位代表，但知名人士均拒绝参加，导致该代表团成员都很一般。第一位代表是詹姆斯·麦克亨利（James McHenry），时年三十五岁，是一位外科医生，在独立战争中曾任华盛顿的秘书和顾问，当过州议会议员、邦联国会代表，能力并不出众。其余几位圣托马斯·詹妮佛的丹尼尔（Daniel of St. Thomas Jenifer）、丹尼尔·卡罗尔（Daniel Carroll）、约翰·弗朗西斯·默瑟（John Francis Mercer）、卢瑟·马丁（Luther Martin）也都当过邦联国会的代表，其中一位是州司法部长。

最后是新罕布什尔州代表团，虽然它任命了四位代表，但只有两位参加。一位是约翰·兰登（John Langdon），当时不到五十岁，是一位富有的商人，当过州议会议员、州长以及邦联国会代表。另一位叫尼古拉斯·吉尔曼（Nicholas Gilman），参加过独立战争，当过邦联国会代表。

从上面的介绍可以看出，虽然不是每个代表团都派出了才华出众的人物，但的确聚集了一批杰出的政治家和政治理论家，尤其是麦迪逊、谢尔曼、华盛顿、汉密尔顿等人，难怪他们能够设计出那样一部构思巧妙、切实可行并经得住时间考验的宪法。他们既有一流的政治理论水准，又有丰富的政治实践经验。如果宪法的起草交给一群只会纸上谈兵而没有任何政治经验的人，或者交给一群只有政治经验而政治理论水平低下的人，都不可能制定出既构思精巧又可行有效的宪法来，不可能制定出一部具有生命力的宪法来，不可能制定出一部堪称楷模的宪法来。他们这个群体的政治智慧、德行和品格，在当时甚至在今天的世界上恐怕都难以匹敌，连今天的美国人自己都承认，他们再也不大可能找出这样一群人，通过商议、争论和妥协的方式，制定出这样一部宪法来。那是一个黄金时代，那个时代恐怕一去不复返了。

制宪会议是如何召开的？

那是一个炎热的夏天，制宪会议在费城的独立大厅举行。大会原定于 1787 年 5 月 14 日开始，但因为交通等因素，直到 5 月 25 日才有七个州的代表到达，刚达到超过一半的法定州数的要求，而来得最晚的新罕布什尔州代表团，7 月 23 日才到达费城。会议开始之后，华盛顿被一致推选为会议主席，威廉·杰克逊（William Jackson）当选为会议书记员，但他的记录非常简单。麦迪逊自己的笔记，加上罗伯特·耶茨的记录，构成了制宪会议最完整的记录。麦迪逊很早就决定要对制宪会议进行详细的记录，他故意选择坐在最有利的位置上，以便能听清每一个人的发言。他全程参与了会议，没有错过任何主要的讨论。难怪他事后说，在制宪会议上做笔记几乎要了他的命。

从时间上看，会议开得非常紧张，在将近四个月的时间里，代表们几乎没什么空闲时间。除了每个礼拜休息一天，7月4日至5日休息两天，以及7月26日至8月6日休息十天之外，其余时间都在开会，每天早上10点到下午3点，一直到9月17日会议闭幕。

与会代表一致决定，会议期间的讨论和投票在会议结束之前要保密。会议还决定，仅仅对《邦联条例》进行部分修改是不够的，应该制定一部新的宪法；新政府除了拥有邦联政府所拥有的权力之外，还需要更多的权力。在这样的前提下，会议决定以"弗吉尼亚方案"为蓝本进行讨论和修改。1787年6月19日，大会对"弗吉尼亚方案"和"新泽西方案"进行了表决，其中七个州支持前者，三个州支持后者，马里兰州代表团内部分裂、意见不一，导致无法投票，而新罕布什尔州的代表那时还没有到达。会议的投票规则是：每个州一票，七个州达到合法州数，最终采用简单多数决的原则。

7月24日，会议决定成立一个由五人组成的"细节委员会"（The Committee of Detail），由约翰·利特里奇担任主席，成员包括埃德蒙德·伦道夫、奥利弗·埃尔斯沃思、詹姆斯·威尔逊以及纳撒尼尔·戈勒姆。该委员会的主要任务是起草一个反映会议开到当天为止所达成协议的文本。7月26日—8月6日，大会休会，等待这个委员会起草的报告，该报告构成了美国宪法的第一稿，很多内容包含在了最后的宪法文本中。该委员会在起草报告时，参考了美国的州宪法、《邦联条例》以及提交给大会的各种方案等。在准备这个报告时，伦道夫提出了两个规则：一个是宪法只应当包括基本原则，不应规定那些随着时间而改变的细节；另一个是语言应当简洁准确，不应当模糊不清。

值得一提的是，虽然这个报告的主要任务是将那些与会代表讨论并同意的内容撰写下来，但委员会在报告中增加了不少与会代表并未讨论的内容。比如，报告中增加了议员享有在议会中发言不受追究的权利，还有，国会的权力本来在讨论时不是列举式的，而是赋予了国会就整个联邦的公共利益享有总体性的立法权，但在报告中国会的权力变成了列举式的。因此，有学者认为，这个委员会在根本上塑造了美国宪法。

在制宪会议上，还成立一个"推迟事项委员会"（The Committee on Postponed Parts），讨论那些此前难以达成一致因而被推迟的事项，成员包括麦迪逊等人。该委员会讨论的最重要事项是总统的选举问题，最后的意见是同意威尔逊早些时候提出的选举人团制度，同时，将总统任期从七年缩短为四年，还创设了副总统这一职位。

最后，大会还决定成立了一个"风格与整理委员会"（The Committee of Style and Arrangement），负责润色和编排最后的宪法文本。该委员会包括麦迪逊、汉密尔顿、威廉·约翰逊、古弗尼尔·莫里斯、鲁弗斯·金这五位主张建立一个更加强有力全国性政府的代表。9月12日，该委员会起草的宪法文本印发给了所有与会代表，大会讨论了三天。9月17日，会议结束，与会代表签署宪法。这一天，后来被定为美国的"宪法日"。

这些主要是制宪会议的程序问题，会议的核心或者关键是讨论起草的方案。在制宪会议上，与会代表们提出了几个方案供大家讨论，我们不妨梳理一下，看看它们各自规定了些什么，有什么样的一些基本特征。

首先是"弗吉尼亚方案"，也叫"大州方案"，它被认为代表了大州的利益或者诉求。弗吉尼亚州代表团的成员到达得比较早，在等待法定州数（半数以上的代表团）到达之前，他们百无聊赖，于是就拟定了一个宪法起草大纲，名曰"弗吉尼亚方案"，由伦道夫于 5 月 29 日代表弗吉尼亚代表团在大会上提出。该方案由麦迪逊主导起草，他最早到达费城，作为一个有心人，他大概考虑到，这次会议肯定要起草一部新宪法，那就需要一个参考的草案或者蓝本，不然，代表们如何讨论呢？于是就有了这个方案。等弗吉尼亚州代表团其他成员到达之后，他们一起讨论和商量了这个方案。毋庸置疑，这个方案是制宪会议上提出的最重要方案，后来的宪法起草主要就是以它为蓝本进行的，可以说，经过修改和补充之后的"弗吉尼亚方案"最终变成了美国宪法。这也是麦迪逊被称为"美国宪法之父"的主要原因之一。

该方案共有十五条，其主要内容包括：（1）它确立了三权分立原则，即立法、行政、司法三机关分开。这一原则被后来的美国宪法所接受，成为其最典型特征之一。（2）它规定，立法机关实行比例代表制，根据捐资或者自由人数量按比例分配。这个方案被部分接受，宪法上众议院的制度安排即参照这一条。（3）根据该方案，国会实行两院制。第一个院由各州选民直接选举，第二个院由第一个院根据各州议会提名的人选选举产生。这种两院制安排也被美国宪法接受，并成为其重要特征。（4）立法机关的权力除了拥有邦联国会的权力之外，还可以否决那些违反了《邦联条例》的州法律等。可以看出，这个方案扩大了国会的权力。（5）行政机关由立法机关选举产生，不得连任。这一条未被接受，因为美国宪法规定的是总统由选举人团选举产生，而非由立法机关选举产生。这大概是因为，与会代表们意识到这是对三权分立原则的违反，一个机构不应由另一个机构选举产生，否则，就会存在被选举机构对选举机构负责的问题。（6）行政机关和部分法官联合起来构成一个修正委员会，有权审查议会制定的尚未生效的每一项立法，并可以否决之，除非其再次获得议会通过。不难看出，这事关行政机关的否决权，只不过，行使否决权的不只是行政机关，还包括部分法官。这一规定部分被美国宪法所吸收，即宪法上的总统否决权，只是，没有让法官分享这一权力，并且，如果国会三分之二多数再次通过一项法律，就可以让总统的否决归于无效。（7）根据该方案，司法机关——包括最高法院和下级法院，由立法机关遴选产生，品行端正者，可以终身任职。这一条也部分被美国宪法吸收了，唯一的区别在于，宪法的规定是，法官由总统提名，参议院批准。（8）新州的加入不需要全体一致投票同意。后来的宪法规定，国会有权允许新州加入。（9）它还规定，确保各州是共和政体。这一条被后来的宪法完全接受。（10）全国性宪法的修改不需要立法机关的同意。这一点也被宪法接受了。宪法的规定是，其修改需要国会的三分之二多数或者各州议会的三分之二多数提出修正案，四分之三的州修宪大会或者州议会批准。（11）各州立法、行政、司法机关的官员应当宣誓支持全国性宪法。这一条也被宪法完全接受。（12）该方案还规定，宪法之修改经国会同意后交由各州人民选举产生的制宪会议表决。这一条也被宪法接受，只不过宪法中还增加了各州议会表决的方式作为一种选择。

由此可见，"弗吉尼亚方案"中的很多重要内容都被美国宪法接受了，甚至成了宪法的一些根本特征。

制宪会议上提出的另一个方案是"新泽西方案"（*New Jersey Plan*），也叫"小州方案"，它被认为代表了小州的利益。出于对"弗吉尼亚方案"的不满，新泽西、康涅狄格、纽约、特拉华等州的代表们起草了一个"新泽西方案"，由威廉·佩特森于6月15日提交给大会。该方案包括九条决议，只是对《邦联条例》进行了一些修改，跟"弗吉尼亚方案"差别很大。其主要内容包括：（1）赋予邦联国会更大的征税权。如果财政不足，国会可向各州根据其人口——奴隶作为五分之三人口计算——征税。这个五分之三的规则，也出现在了后来的宪法之中，似乎是被宪法接受了。不过，该规则并非"新泽西方案"首创，1783年邦联财政修正案中就已经提出了。（2）这一方案规定，国会的法律和条约是最高的法律，违反的个人或者各州可被强制遵守。这一条基本上被宪法接受了。（3）行政机关由几个人组成，由国会选举产生，不得连任，根据各州州长多数的请求可被国会罢免。这一条没有被宪法接受。当时对行政机关的安排，与会代表们争议很大：一些人主张实行委员会制，几个人共同承担行政职能；另一些人则主张行政机关只能由一个人组成，实行总统制。最终，宪法接受了后者的意见。（4）司法机关由行政机关任命，品行端正的法官终身任职。这一条被宪法接受了，只不过增加了法官的提名须由参议院批准的内容。对于法官的产生方式，宪法上的规定可以说是对"弗吉尼亚方案"和"新泽西方案"的一个整合。（5）归化的规则应当在每个州相同。这一点也被宪法接受了，它规定：国会有权确立统一的归化规则。

虽然制宪会议没有以"新泽西方案"为蓝本起草宪法，但它的影响也是不容否认的。

除了上述两个方案，还有一个次要的，叫"康涅狄格妥协方案"，由康涅狄格的罗杰·谢尔曼于6月11日提出。它主要是中和了"弗吉尼亚方案"和"新泽西方案"的观点，其重要贡献是决定了参议院议员的名额分配方式。

就在代表们争论"弗吉尼亚方案"和"新泽西方案"优劣的时候，汉密尔顿也提出了自己的方案，虽然他无意交由大会讨论，实际上，大会也没有讨论。他声称："英国政体是世界上最好的整体。"因此，他被认为鼓吹君主制。他的方案主要包括：（1）行政机关和参议院均由人民选举产生的选举人间接选举，且都是终身任职。这一点是与会代表们无法接受的，因为这会造成事实上的君主制。没有任期，选举也就没有了意义。（2）行政机关拥有绝对的否决权。这给了行政机关太大的权力，不可避免地会造就一个帝王般的总统，议会的权力会受到严重削弱。与会代表们不可能同意这一点。（3）各州州长由全国性政府任命，且对相应州的立法有否决权。这一规定体现的是中央集权而不是联邦主义，远远超出了各州代表所能接受的限度。

制宪会议上的第五个方案是"平克尼方案"，由南卡罗来纳州的查尔斯·平克尼提出。他似乎在来费城之前就已经草拟好了这个方案，本来期望就自己的方案发表演讲，但一直没找到机会，只能书面呈上，但始终没有成为会议讨论的对象。

制宪会议上的主要分歧是什么？

在制宪会议上，代表们主要围绕着哪些问题展开了争论？或者说，他们主要有哪些分歧？最后是如何达成妥协的？

第一个争论比较大的问题是国会的组成以及选举方式。关于参议院该怎么分配名额，大家争论不下，大州主张实行比例代表制，希望按照人口分配，人口多的，参议员就多，但小州不同意，主张实行平等代表制，最后大州妥协，同意平分名额，每个州都出两名代表，各州在参议院有平等的投票权。众议院根据人口产生议员，参议员等额分配给各州，这等于说是一个平衡，大州小州都考虑到了，该方案最终被接受。

第二个争论比较大的问题是行政机关的组织和产生方式。首先是，到底由几个人来当总统？怎么选？任期如何？什么情况下应当被弹劲？这些问题争论比较大。有人主张总统由一个人担任，有人主张三个人。产生的方式也有几种意见：（1）由各州州长来任命；（2）由人民直接选举；（3）由选举人来选举；（4）由各州的议会来选举；（5）由国会抽签决定。很多代表认为，他们刚刚打败了大英帝国的国王获得了自由，行政机关的职位一定得安排好。如果它权力太大，它就会变成下一个国王；如果权力太小，行政机关也无法发挥作用。因此，总统的产生问题格外引人关注。

大州倾向于总统由人民选举产生，这种选举对它们有利，因为它们人口多；小州普遍同意通过一种间接选举的方式产生总统，或者说，能让小州有发言权的方式来产生总统。后来，达成妥协：通过选举人团进行选举。大州和小州都发挥作用，因为每个州产生的选举人人数，是根据其在参、众两院的人数来确定的。由于参、众两院议员名额分配既考虑了人口又考虑了平等问题，因此，最后还是一个妥协，大州小州都能在选举总统中发挥作用。

对于总统的任期，太长的话，容易被人认为搞世袭；太短的话，频繁地选举，不利于行政权的行使。最后，与会代表们达成一致：总统任期为四年。但当时的宪法上并未限制总统连选连任。

第三个争论比较大的问题是奴隶制。1787年之前，对于奴隶制的讨论比较少，与会代表们可能意识到，南方和北方很难就这个问题达成一致，他们的看法几乎是截然相反的，于是代表们试图回避。即使一些拥有奴隶的代表也意识到，将来有一天奴隶制肯定要废掉，这就是个时间问题，不过，现在提出来讨论可能不合时宜，因为这直接威胁到南部拥有奴隶者的经济利益，他们恐怕难以接受。在制宪会议上，代表们所能想到的，一个是关于逃亡奴隶的问题，即一个奴隶逃到别的州，特别是逃到自由州之后，是不是就变成了自由人。最后，他们否定了这一点。另一个是关于奴隶贸易是不是在某个时间点上应当终结的问题。当时，奴隶贸易还存在，大量的奴隶被运往殖民地，但一些代表觉得，这非常不人道，必须终结，虽然现在的奴隶可以先保持着，但奴隶贸易应当结束。最后，他们达成了妥协，决定在 1808 年结束奴隶贸易，从他们召开制宪会议时起，大概再过二十年，奴隶贸易就不能再进行了。这可以说是南方和北方之间，或者说，蓄奴州和自由州之间最重要的妥协之一。

第四个争论比较大的问题是法官的遴选方式。小州主张由参议院来任命法官，但麦迪逊等人主张由总统来任命法官，经过协商，麦迪逊提出，法官由总统提名、参议院批准，这两个机关都参与，这种妥协最后变成了一种非常好的安排，因为这两个机关对司法机关均有制约。三权分立不只是三个机关独立存在，各自行使自己的权力，而是每一个机关都有制约其他机关的方式。这看似是一个不重要的妥协，结果变成了一种优良的制度安排。

最后一个争论比较大的问题是"权利法案"的制定。会议快结束的时候，乔治·梅森等人提出，这部宪法缺一个"权利法案"，应该加上。有代表认为，加上"权利法案"是很容易的事情，一会儿就可以搞出来，但大多数代表觉得没必要，因为宪法上对权力的限制就意味着对权利和自由的保护，而且，一旦在宪法上罗列一些基本权利和自由，会让政府误以为，那些没有被列举的基本权利和自由不受宪法的保护。这个时候，很多代表已经在费城待了将近四个月，都急着回家，就没有太当回事儿。但是，就在这个时候以及后来的批准过程中，包括麦迪逊在内的很多人都认识到，"权利法案"肯定是需要的，不制定的话，新宪法在一些州将很难被批准，而且有必要起草这样一个东西出来，让更多人相信，新政府是致力于保护人民的基本权利和自由的。

《美国宪法》是如何获得批准的？

制宪会议结束后，哪些人签署了新宪法？最后，它又是怎样获得各州批准的？宪法起草完毕后进入了签署程序，签署这部宪法的代表一共是三十九位，也就是说，五十五位代表中，有十六位没签署，其中有十三位在制宪会议结束之前就已经离开，他们或者根本不赞成，或者由于其他原因提前离会，只有三位代表虽然坚持到了会议闭幕，但拒绝签字，其中一位就是乔治·梅森，另两位是来自弗吉尼亚的州长伦道夫和马萨诸塞州的格里。

其实，即使签署的这三十九人当中，也可能没有一个人对最终的版本是完全满意的，就像富兰克林曾经说过的那样，他自己对这部宪法里的一些内容也不满意，但是，人们起草不出一部完美的宪法，起草不出一让所有人都满意的宪法，于是，他就签署了。我相信，很多代表也都怀着这样一种心情，觉得这部宪法还可以接受，于是就签署了自己的名字。

从宪法批准的过程看，最初的五个州批准得非常快，非常顺利，从1787年12月7日开始，到1788年1月，在这短短两个月的时间里，五个州都批准了，首先是特拉华州，然后是新泽西州、佐治亚州、宾夕法尼亚州、康涅狄格州。前三个州都是全体一致同意，可能这些小州对最后达成的妥协是比较满意的，后两个州也是压倒性的多数同意。但是，往后就越来越麻烦，1788年2月，马萨诸塞州批准了，但不是特别容易；4月，马里兰州批准了；5月，南卡罗来纳州批准了；6月21日，新罕布什尔州批准了。到这时，已经达到了九个州的法定要求，根据这部宪法草案，四分之三以上的州同意，这部宪法就在这些同意的州之间生效了。必须强调的是，新宪法仅在这些同意的州——即批准的州——之间生效，在那些没批准的州之间还不生效，而不是说，九个州同意之后，新宪法就在所有的州都生效。很多人误解了这一点。这九个州很快就决定了新政府产生的时间，1789年将进行总统选举等。

接下来，1788年6月25日，弗吉尼亚州批准了。该州的批准过程非常艰难，支持者和反对者斗争激烈，最后以89比79的结果勉强批准。又过了一个月，7月26日，纽约州批准了。1789年11月，新政府产生之后，北卡罗来纳州批准了。直到1790年5月，罗德岛州才批准新宪法。此时，宪法批准过程宣告结束，新宪法在所有十三个最初的殖民地都生效了。

从这个批准的过程可以看出，虽然我们把 1787 年的这个会议称作制宪会议，但它其实是一个起草宪法的会议，并不是那部宪法草案刚制定出来就即刻生效。首先，宪法起草者签署它，让文本本身有了合法性；其次，还必须经过各州的批准。各州批准的方式都是专门召开一个批准宪法的大会——制宪会议，当然，宪法中也规定了另外一种方式，即由各个州的立法机关来批准。

新宪法生效之后，美国就建立了一个联邦共和国。联邦共和国是一个大的共和国，每一个州是一个小的共和国。在当时，这是独一无二的政体，它是一个联邦，不是一个中央集权国家。从宪法的内容来看，它是一个非常独特的政治共同体。

第三章　为何要从邦联走向联邦?

在联邦的规模和适当架构中，我们看到了对共和政体最易发弊病的共和救治措施。并且，根据我们对成为共和主义者感受到的愉悦和自豪程度，我们应当热情地赞赏和支持联邦主义者的精神和品格。

——詹姆斯·麦迪逊(《联邦党人文集》第十篇)

人类能否建立一个优良政体？

汉密尔顿在《联邦党人文集》开篇就提出一个重大问题：人们能否通过深思熟虑和自由选择建立一个优良政体，还是注定要把命运交给机遇和强力？这不仅是 1787 年的美国人面临的问题，而且是一个所有社会都会面临的问题——我们到底是依赖碰运气或者暴力建立一个良好的政府，还是需要通过反思和自由选择去设计一个优良的政府？在人类历史上的大部分国家，政府都不是人为设计的产物，大都是通过战争、征服、政变等方式建立的。

对于美国的"国父"们而言，他们当时考虑的主要问题是，通过战争打败了大英帝国之后，如何保护来之不易的自由。能不能通过和平、理性的方式，通过自由讨论的方式，建立一个优良的政体，或者，设计一个优良的政体。

读过哈耶克著作的人可能会问，哈耶克强调自发秩序，反对设计的秩序或者建构的秩序，①美国的"国父"们为何要去设计政体？应当指出，美国"国父"们的这种设计，即制定一部新的宪法，设计一个新的政体，并没有背离哈耶克意义上的自发秩序。哈耶克强调的是，

---

① Hayek，F.A. 1982. *Law, Legislation and Liberty Vol. 1: Rules and Order*. London：Routledge & Kegan Paul.

对于整个社会秩序来讲，没有办法通过人为的方式去设计它，因为我们没有这样的知识，我们的理性是有限的，无法做到这一点。

而美国"国父"们的这种设计，不是设计整个的秩序，不是设计一个新的国家、一个新的社会，它没有打碎所有旧的制度，比如，它没有放弃普通法，没有放弃旧的习俗和惯例，没有抛弃传统等，它不是设计一个全新的社会秩序，而仅仅是设计这个政治体制当中的一部分制度。新宪法中的很多内容，都是建立在殖民地时代的宪政实践和尝试基础之上的，是建立在英国政治经验基础之上的；即使联邦制也不是全新的东西，只是做了某些改造或创新。新宪法授予联邦政府的一些权力，邦联政府也曾享有过，只是邦联政府没办法执行，因为它没有自己的执法和司法系统。

所以，从这个意义上讲，美国"国父"们设计的这种新政体，并没有违反自发秩序。他们没有这样的企图，只是通过制宪会议上的讨论，来设计或构建一个更加理想的政体而已。这是一种局部的建构或设计，即使哈耶克，也不反对这种意义上的设计或建构，他所反对的是由一个机构或组织——尤其是政府，来设计整个社会秩序，或者为整个社会进行计划。因此，美国"国父"们设计政体与哈耶克强调自发秩序之间没有矛盾。

事实上，哈耶克自己也做了一些建构或设计的努力。比如，他在《法律、立法与自由》的第三卷中，设计了一种与众不同的两院制，一个院专门制定一般性的、普遍性的规则，一个院制定政策性的、比

093 | 第三章　为何要从邦联走向联邦？

较具体的规则。① 这是一个非常大胆的设计。但是，这似乎是一个比较糟糕的设计，因为这种两院制不能实现立法机关内部进一步的分权制衡。哈耶克可能不太适合做这方面的工作，他是一个理论家和思想家，但在政体构建方面，他显然不是特别在行。美国的"国父"们则不同，他们不仅是一流的政治理论家，而且是出色的政治实践家。比如，麦迪逊在三十六岁参加制宪会议时，已经从事公共事务很多年了，对政治生活非常熟悉。他们不是凭空想象一个政体，不是闭门造车。可以说，即使是一群一流的政治理论家，即使有哈耶克那样的水平，关起门来设计一个政府，这样的政府恐怕也无法运作，因为他们没有政治实践，也没有政治经验。

政治实践和政治理论是不一样的。理论家可以想象得非常美好，今天可能实现不了，也许再过若干世纪，他们所想象的东西才能够实现。但作为实践家，他们所要考虑的是当下的情形：如何走出这个困境，如何把一个脆弱的邦联转变为一个比较强有力的联邦。他们担心，当时的邦联随时可能解体，解体之后他们此前所做的所有努力，包括跟英国之间的战争成果，可能全部化为乌有，他们有可能被法国、西班牙等大国吃掉。在《联邦党人文集》中，他们一方面表达了对现实的担忧和关注，另一方面，他们又能把这些现实问题提升到一定的理论高度，挖掘其背后的法理。这也是这部书成为经典的原因。

在开篇论文中，汉密尔顿就告诉我们，人性有恶的一面，不可回

---

① Hayek，F. A. 1982. *Law, Legislation and Liberty Vol. 3: The Political Order of a Free People*. London：Routledge & Kegan Paul.

避人们之间相互欺诈、不诚实等阴暗面。他是一个非常现实的人，可以说，当时的"国父"们都是非常现实的，虽然他们都怀抱理想。从整本书不难看出，几乎所有的论述都建立在这样一个假设的基础之上——人性是恶的，或者说，人性有恶的一面。

汉密尔顿还强调，即使一个人的意图是正直的、诚实的，他也可能持有一些错谬的看法。即使是非常明智、善良的人，也可能做出一些错误的判断，因为贪婪、野心、自私、党争等都会在争论双方身上体现出来，无论一个人是支持还是反对这部新的宪法。所以，在考虑是否批准这部新宪法的时候，必须保持冷静审慎的态度，不要受到迷惑或者欺骗。

从邦联走向联邦，才可能防止内外冲突

开篇点题之后，《联邦党人文集》开始讨论邦联所面临的对外、对内冲突问题。其中第二篇至第五篇由杰伊撰写，主要分析了邦联面临的外部威胁，告诉人们这种威胁存在于何处，为什么大家需要联合起来。他强调指出，如果不构建一个更加强有力的联邦政府，邦联将面临非常大的战争风险，法国、西班牙、英国等大国都在旁边虎视眈眈，很容易乘虚而入。

杰伊指出，生活在十三个州的人们，无论在起源、语言、宗教、风俗习惯，以及此前曾经实践过的政体原则等方面，都是一致的，完

全可以联合在一起构成一个联邦。十三个州联合起来，在外交以及战争方面会更具优势，如果各州各自为政，每一个都势单力薄，很容易被大国吃掉。

根据杰伊的分析，国家之间发生战争的原因通常有两个：一是某个国家先违反了条约，导致另一个国家出兵；二是某个国家对另一个国家的直接入侵。如何避免战争的发生？或者说，如何避免出现导致战争的原因？在他看来，一个全国性的政府比一个分散的政府或比多个政府存在的情形，要更为有利。因为全国性的政府有统一的外交政策，对外会发出同样的声音，相反，如果十三个殖民地各自为政，分别向一个国家——法国或西班牙——发出不同的声音，各自又没有相互间的协调，大国很可能对这些不友好的州（邦国）发起进攻，从而给外敌入侵制造了借口。

杰伊认为，在一个全国性政府的体制下，国际条约以及国际法能够得到更好地遵守、更好地执行和更好地解释，因为大家有统一的看法。否则，各州都有自己的外交政策，很容易给外国造成混淆，人家无法理解你们各自的企图究竟是什么，更容易发生误解乃至战争。所以，在他看来，一个全国性的政府，或者说，一个联邦政府，不太容易违反国际条约和国际法。当然，这不是说，一个全国性的政府就一定不违反国际条约和国际法，事实上，现在很多国家也在违反。杰伊的意思是，与多个政府的存在相比，全国性政府更有可能遵守国际条约和国际法。

在杰伊讨论完外部的可能冲突之后，汉密尔顿又讨论了内部的潜在冲突——内战或者叛乱的发生。他指出，在邦联体制下，不同的州之间很容易发生冲突或战争，因为它们在贸易、领土、执法等方面存在着分歧。如果没有一个全国性的或更加强有力的联邦政府，这种冲突一旦发生，只能通过武力来解决。因为它们之间缺乏必要的协调机制，没有中立的第三方作为调停组织，也没有一个中立的执法和司法机构能够帮助它们化解纠纷。汉密尔顿说，从这个意义上讲，我们一定要联合起来，虽然跟大英帝国之间的战争，我们获得了胜利，但如果我们内部不合，就会爆发内乱。一旦爆发内乱，又给外国入侵我们制造了机会。所以，出于避免内乱的理由，我们也应该联合起来。

汉密尔顿还提出了一个重要的问题：战争会使一个国家行政机关的权力不断地加强，甚至会走向君主制。他说，战争的本性会让行政机关变得越来越强大，削弱立法机关的权力，因为战争要求在短时间内集中大量人力、物力、财力，甚至会以牺牲人们的基本权利和自由为代价。我们往往会看到，战争时期，言论自由、财产权等经常受到侵犯和压制。比如，一战期间，美国曾发生过不少侵犯言论自由的案件，宪法第一修正案在制定之后的大部分时间都处于休眠期，直到那时才被激活。二战期间，美国政府甚至下令把私人钢铁企业收归国有，把日裔美国人集中关起来等。战争时期，政府的权力是最容易加强和扩大的，经历过两次世界大战，美国联邦政府的权力扩大了很多。

同时，战争很容易让立法部门和司法部门受到削弱。立法部门制定法律的过程十分缓慢，赶不上战争的快节奏需求，战争要求政府短时间内采取某种措施，而立法经常要耗费五年或者十年的时间，甚至几十年还立不出一个法，其间需要长期地博弈和讨论，因此，在战争时期，立法机关的权力会被搁置起来。司法机关也同样如此，迫于战争的压力，司法机关如果不是特别强大的话，经常会屈从于行政机关。所以，一旦发生战争，行政机关往往一权独大。这是非常危险的局面。美国总统权力在二十世纪之后的扩张，就跟战争密切相关。这是需要特别警惕的问题，即使在今天看来，也是非常有见地的看法。

汉密尔顿还强调说，如果一个国家经常发生战争，这个国家军队和士兵的地位就会上升，而平民或公民的地位则会下降，一个军事国家就有可能会出现。大部分专制国家都会把军队和士兵的地位抬得非常高，让这些人享受很好的待遇，因为它的统治主要依靠军队和士兵，或者说，主要依靠暴力。这在一个宪制民主国家是不可思议的，在那里，它是一个文官政府，军事将领不可能身居高位，那里的总统和议员都是选举产生的，如果没有选民买你的账，你不可能爬到很高的位置上，即使你战功赫赫。同时，这也反映出，用军事的逻辑来治国，跟用宪制民主的方式来治国，是完全不一样的。军事的逻辑或者战争的逻辑，就是强调命令、服从，而不是让每个人成为自己的主人，让这个社会能够按照事先确立的正当规则来运转。二者有着根本性的区别。

通过联邦共和制防止派系之争

《联邦党人文集》第十篇被公认是整部书中最重要的篇章之一，甚至有学者认为它是最重要的。一方面，它提出的理论具有原创性；另一方面，它奠定了美国联邦共和政体的基础。该篇作者是麦迪逊，行文条分缕析，步步推进，逻辑严谨，足见其一流的政治理论水准。

他首先提出，在构建一个民治政府时，人们面临的核心问题是解决派系之争。有些中译本把"派系之争"（faction）翻译成"党争"，容易让人误以为它讨论的是党与党之间的斗争，其实，"派系"跟现代意义上的政党没什么关系，那个时候美国还没有政党。这篇文章所讨论的就是派系之争的意思，或者说，是不同群体或利益团体之间的斗争，它存在于任何社会之中，即使那里没有政党。

麦迪逊首先界定了"派系之争"的含义，它指的是一群公民，不管他们是多数还是少数，无论是出于激情，还是利益，联合起来侵犯另一些公民的权利，或者损害整个社会的利益。

随后，他提出解决派系之争的问题，即通过什么方式来解决它所带来的弊端或坏处。一共有两个方式：一个是把它的源头消灭掉，一个是控制它的后果。那么，如何消灭派系产生的源头呢？有两种方法：第一种是把自由毁灭掉。自由导致了派系的产生，没有了自由，谁都不许表达自己的看法，谁都没有自己的利益，也就不会有派系之争了。如果所有人都服从一个人，那还有什么可争的？但这是不明智的做法。麦迪逊说了一句非常著名的话：自由对于派系而言，就相当于空气之于火一样，不能为了消灭火，空气都不要了。我们不能为了消灭一个次要的东西，而把主要的东西也一并消灭掉。

第二种消灭派系之争源头的方法是让每一个公民都有同样的看法、同样的激情、同样的利益。这也不可能，即使在一个很小的群体里，也很难实现，更别说在一个很大的社会中。如果大家有自由，每个人都会有自己的目标和追求，必然有不同的看法、利益和诉求。这种多样性，人与人之间的这种差别，正是需要政府保护的首要目标。我们需要政府，不是说要它让我们整齐划一，而是让它能够更好地保护人与人之间的这种差别。约翰·密尔说过：个体之间的差异本身就是对社会的一种贡献。如果没有个体之间的差异，如果大家都一样，这样的社会其实很难存在下去。

既然这两种消灭派系源头的方法都不可行，我们就只能容忍派系的存在，并努力控制它所造成的不利后果。在麦迪逊看来，派系的存在，是人性决定的，人性当中天生地存在贪婪、自私、妒忌等，派系在任何社会里都会存在，一些人总是会想方设法损害另一些人的利益，这是不可避免的。我们不可能改变人性，不可能把人都变成天使，我们只能想办法来控制派系之争所带来的后果。

麦迪逊指出，派系之争最经常、最持久的原因是财产的不平等。这并不是一些人所说的财富分配不平等，不是说一些人占有另一些人的财产，而是说，在任何社会里，人们都不可能拥有同样多的财产：有的人拥有的财产多，有的人拥有的财产少；有的人赚钱能力强，有的人赚钱能力差；有的人继承得多，有的人继承得少；等等。

麦迪逊在这里强调的是，由于每个人拥有的财产数量不一样，造成了他们对很多问题的看法也不一样。因为这种财产的差别，导致社会上有富人和穷人，有债权人和债务人等。而这种差别就导致一个群体的人对另一个群体的人有看法，有意见，甚至是不满。譬如，比较穷的人对财富多的人很不满，他们凭什么那么有钱，他们工作起来也并不比我们更卖力，但也许他们运气好，或者是他们从父母那里继承了更多的财富，或者是他们从事的行业能够很轻松地赚到很多钱。这种财产的不同，导致人们有不同的利益诉求。

如果刚解决温饱的人对拥有大量财富的人不满，就可能要求通过立法剥夺富人的财富。我们看到，现在有很多国家，通过民主的立法，实现了一些人对另一些人权利的侵犯和剥夺。它看起来是非常民主的，完全是通过议会来制定法律的方式，比如，某个国家规定征收累进税，收入达到一定水平以上要缴百分之四十五甚至百分之七十的税，收入低的人则缴更低比例的税。但这种做法恰恰是麦迪逊等人所担忧的，他们认为即使是通过投票的方式也不能剥夺一些人的权利，因为这最终会摧毁我们所有人的自由。这促使他探索解决这类问题的方法。

麦迪逊指出，如果一个派系是在少数这边，也就是说，少数人想要侵犯多数人的利益，这时候好办，我们可以通过少数服从多数的方式加以解决。一个共和政体的运作方式正是少数服从多数，因此，实行共和即可防止少数侵犯多数，因为多数可以轻易否决少数人派系的提议，让他们侵犯多数人权利的企图落空。这个不需要太担心。

需要担心的是，当多数人企图侵犯少数人权利的时候，该怎么办？这比较麻烦，就像我们今天看到无论是在民主还是非民主的社会里，多数人联合起来侵犯富人的财产权一样。这个时候，你发现，民主的方式、多数决的方式不奏效了，需要另想办法。我们不可能改变共和的决策方式，不可能推行少数决，多数决还是要维系的。麦迪逊提出，解决多数侵犯少数的路径是：想方设法让多数形成的难度变大，或者说，增加多数人联合起来干坏事的难度。

那么，如何实现呢？通过代议制，在一个大国建立一个共和国。首先，应当放弃纯粹民主或者直接民主的制度。如果在一个社会实行直接民主，那多数人欺压少数人将会非常容易，只要他们超过多数就可以了，没有任何机制过滤多数的激情，阻止不当的利益诉求。在直接民主社会中，只要多数人对少数人不满，马上就可以通过投票的方式剥夺少数人的权利和利益。所以，麦迪逊说，这种纯粹民主的方式是非常危险的，是绝对不可行的。

值得一提的是，"民主"这个概念在过去两百多年中发生了流变。在十八世纪，民主指的就是直接民主，即古希腊式的民主。对于这种民主，美国的"国父"们是反对的。而在今天，民主通常指的是代议制民主，即间接民主。对于这种民主，美国"国父"们是不反对的，他们当时把它叫作共和。他们反复强调，他们要建立的是一个共和国，而不是一个民主国。当时，民主是个贬义词，让民主成为褒义词的人，可能是托克维尔，他在《论美国的民主》中，较早地赋予了民主正面的含义，并把美国的政体称为民主制。当然，托克维尔并非无条件赞成民主，他也有很多担忧，包括多数的暴政等。[①]

与直接民主相比，代议制的优势在于：一是它不用那么多人亲自参与政治，只须选举少数代表即可；二是它可以在一定程度上过滤掉直接民主所导致的激情，防止大多数人因为不理智而企图对另一些人采取不当措施。另外，在一个大国实行代议制，其优势会更加明显。如果一个国家太小，人口太少，利益十分简单，那它形成多数派系的可能性就比较大，因为利益不够多元，不够分散化。如果是在一个大国里，人口众多，规模巨大，利益也必然要比在一个小国里更加多元化，人们的偏好以及对某个问题的看法，也必然比较多元。而且，在小国中，代表较容易通过阴谋诡计当选，而在大国中，选举出称职代表的可能性更大。所以，麦迪逊说，在一个大国实行代议制，再加上联邦制的好处，防止形成多数派系的可能性就更大。

大共和国不仅是可行的，而且是可欲的

麦迪逊认为，通过代议制和联邦制，在一个大国建立一个共和国不仅是可行的，而且是可欲的。这是一个具有开创性的看法，因为在十八世纪，流行的看法是，一个共和国只能在一个小范围内建成，就像日内瓦那样的地方，或者说，只有一个小国才能建成共和国，而一

① Tocqueville, Alexis de. 1990. *Democracy in America*. Vol. 1. The Henry Reeve Text. Ed. Philips Bradley. New York: Vintage Books.

个大国是不可能建成共和国的。

孟德斯鸠在《论法的精神》中指出，如果一个共和国太小，它容易被外部力量所摧毁；如果一个共和国太大，则容易为内部的缺陷所败坏。也就是说，小共和国军事力量薄弱，难以抵御他国的入侵；大共和国由于政治结构上难以找到合适的制度安排，很快就会自我腐化。他似乎意识到，如果能走一种类似于联邦的路子，或许能很好地解决这个问题。不过，在那个时候，理论家们还没有很成熟的想法，根据历史上的经验，孟德斯鸠认为，如果几个小共和国能联合起来建立一个联合政体或者联盟，把一些权力交给它，比如战争、外交方面的权力，这样一个政体也许能够克服小共和国和大共和国的弊病。[①]他的这种看法与美国建国的思想非常接近。

当时，美国"国父"们争论的一个问题是：孟德斯鸠所构想的这种政体，到底是他们正在实行的邦联还是他们将要实行的联邦。汉密尔顿当然倾向于后者。他简单地提到了邦联和联邦的一个区别：邦联政府的权力主要保留在各个成员那里，它所统治的对象是每一个共和国，而不是个人；联邦政府统治的对象是每一个公民，而不是每一个共和国或州。从邦联时代的征税方式就可以看出邦联和联邦的这一重要区别。邦联政府的征税对象是每个州，而不是个人。

汉密尔顿提出，一个政府的统治对象只能是个人，而不能是一个集体，比如一个州。如果它的统治对象是一个集体，就像现在的联合

---

① Montesquieu，Baron de. 1949. *The Spirit of the Laws*.（Two Volumes in one）Trans. Thomas Nugent. New York：Hafner Publishing Company. pp.126-127.

国，它要发布一个决议，要制裁某个国家，这个国家若不遵守，除了打仗，没办法通过和平的方式使它遵守。也就是说，邦联在执法和司法方面都存在着严重缺陷，不像是一个政府，而是一个政府之间的联盟。

同时，联邦并不意味着抹杀各州的独立和主权。实际上，美国"国父"们打算建立的联邦是一个双重主权架构，联邦享有一些主权，同时，各州仍然保留着部分主权。这一点非常关键。这是联邦政体与单一制政体或中央集权政体之间的根本区别。在单一制国家，实行中央集权，只有中央政府拥有主权，地方政府是没有主权可言的，它们的所有权力都来自中央政府的授权。而在美国这种联邦体制下，联邦政府和各州政府之间是一种分享主权的关系，各自享有一部分主权，二者之间不是等级隶属关系。它们的区别，仅仅在于它们的管辖权不一样，联邦政府负责管理那些全国性的事务，比如战争、外交等，而各州政府负责管理与本州民众密切相关的事务，或者说，地方性事务。所以，在美国，人们不说联邦政府高于州政府，美国人的说法是，联邦政府是第五十一个州政府。如果联邦政府高于州政府，联邦政府是可以命令州政府干某件事情的。但事实上，只要不是在宪法的授权范围内，联邦政府是决没有权力命令一个州政府做什么的，州政府不是对联邦政府负责，而是对宪法和本州人民负责。

联邦政体与一般意义上的民族国家是完全不一样的，它是一个超越民族国家的存在，它不是一个博丹或霍布斯意义上的国家。十六、十七世纪之后兴起的民族国家，主权只能有一个，主权被认为是不可分割、不可让渡的。美国"国父"们设计的政体，完全打破了这种政治理论，他们认为，主权可以分割、可以分享。

由于联邦和各州之间是平等关系，因此，当它们之间发生冲突或者纠纷时，一般会通过司法渠道解决。比如，奥巴马搞医改方案的时候，三十多个州的州长认为他违宪了，就联合起来起诉他。由此可知，联邦和各州之间是可以博弈，可以平等对话、平等讨论的。这在一个单一制国家是很难想象的。

美国"国父"们为在一个大国建成共和国找到了适当的制度安排：代议制和联邦制。在麦迪逊看来，只要适用这种制度安排，一个大国对建立一个共和政体不仅没有害处，反而有好处。通过代议制，让治理的边界不断扩大，并过滤掉民众的激情，挑选出更加合适的代议士；通过联邦制，保持各地的多样性，保持利益的多元化。这样的制度安排，意在建立一个联邦共和国，或者说，一个复合共和国（compound republic）。对于全局性事务的管理，由大的共和国来负责，对于具体的地方性事务，由各个小的共和国来负责。这样的共和国，可以扩展至历史上从未出现过的规模，对于防止派系之争具有小共和国所不具备的优势。

麦迪逊说，在一个大共和国里，人们的自治是更加可行的，因为那里利益和诉求多元，地方性和多样性受到保护，一个群体压制另一个群体的可能性更小，人们更有可能自主治理，成为自己的主人，从而建立一个自治的社会。

在麦迪逊看来，共和政体最大的挑战就是如何防止"共和病"的出现，即如何防止在一个共和国中，多数人欺压少数人。共和政休的治理原则是多数决或者少数服从多数，而这必须是在多数的决策具有正当性的前提下。如果多数侵犯少数的权利和利益该怎么办？这一直是共和理论倡导者未能解决的问题，而麦迪逊开创性地提出了解决之道：通过代议制和联邦制建立一个大共和国。他发现，在一个大共和国里，利益将变得多元化，多数形成派系的可能性变小，他们联合起来欺压少数变得困难。对于这种解决之道，他称之为用共和的方式救治"共和病"，它不是放弃共和，而是实行复合共和。

比较而言，在实行直接民主或者单一制的共和国里，很难找到治疗这种"共和病"的药方，因此，多数侵犯少数权利的事情时有发生。当然，这并不是说，在美利坚合众国里，决不可能发生多数侵犯少数权利的事情。事实上，我们也看到，进入二十世纪之后，联邦政府为迎合多数的偏好而制定了大量的福利立法，对富人征收累进税等，对少数人的财产权构成了威胁。但是，与欧洲福利国家或者单一制国家相比，美国政体对防止多数的暴政还是更加有效的。也就是说，美国"国父"们所构建的这种联邦共和政体，或者说复合共和政体，比单一制或者中央集权的政体，比纯粹民主的政体，在对付派系之争方面要更加有效。

当然，它不是完美的，因为人是不完美的，人的理性是有限的，人的知识是有限的，这样的人不可能设计出完美的制度来，即使美国"国父"们也不会把他们设计的这种体制当作终极版本。毋庸置疑，它当然有改进的空间。但是，从另一个方面讲，今天美国出现的一些问题，并不是美国宪制本身的缺陷所导致的，而是偏离了美国"国父"们当初设想的结果，偏离了他们关于有限政府的理念，偏离了美国宪法所确立的原则和精神。因此，回归"国父"们的理想，重温联邦共和国的设计原理，成了美国当下一些有识之士的目标和追求。

第四章　邦联政体的缺陷何在？

现存邦联架构的重大和根本缺陷在于，其立法的对象是各州或者各个政府，以它们整体或者集体的身份，而这与它们的构成对象——个人——相对。……这种安排的结果是，尽管在理论上讲，涉及那些事项的决议是法律，对邦联各成员具有约束力，但是，在实际上，这些决议不过是建议而已，各州自行决定是否遵守。

——汉密尔顿（《联邦党人文集》第十五篇）

通过联邦建立一个扩展共和国

为了说服反对新宪法的人，《联邦党人文集》的作者用了一定的篇幅从商业、税收等角度来论证联邦的价值和重要性。美国"国父"们一开始对他们所构建的共和国是一种什么样的共和国，是有不同看法或设想的。一些人认为，美国的未来是一个农业共和国，以杰斐逊为代表。但汉密尔顿认为，美国的未来是一个商业共和国，因此，建立统一的大市场，保护商业和贸易自由非常关键。在《联邦党人文集》中，汉密尔顿解释了为什么联邦对于商业和贸易是至关重要的。邦联时代，各州之间之所以总是发生矛盾，很重要的一个原因是各州之间存在贸易壁垒，引发了很多冲突；而联邦建立之后，管理州与州之间贸易的权力交由联邦掌握，这对于建立统一的大市场非常关键。

不过，令汉密尔顿没有想到的是，把管理州际贸易的权力交给国会之后，联邦政府对它进行了扩大化的解释，导致今天国会经常以这一条为借口提出管理措施。比如，国会之所以要制定一些管理枪支的法律，是因为它有管理州际贸易的权力，而枪支被看作一种商品。有时候，国会禁止某种枪的理由不是当地老百姓没有权利持有这种枪，而是声称这种枪会流到其他地方去，会变成自由买卖的对象。国会认为很多东西都与贸易和商业有关，即使是非常间接的关系，它也利用这一条来扩大自己管制的权力。这是美国"国父"们始料不及的。

汉密尔顿认为，建成统一大市场之后，贸易的繁荣会给联邦带来更多的税收。他指出，联邦政府最好别征直接税，因为征直接税，包括所得税或者财产税，意味着政府直接把人民的财产拿走，容易激起反抗，英国国王都不敢轻易征这个税。所以，联邦政府最好只征间接税，包括关税、消费税等，只有当人们消费或进行其他交易的时候才需要交税，而不是直接将其收入的一部分拿走。但是，今天的联邦政府征收了很多直接税，他们没有守住当初汉密尔顿所设想的只让联邦政府征间接税的边界。没有守住是因为宪法授予国会的征税权没有限制，没有说它可以征收什么税，征收多少等，税种、税率都没有规定。之所以没有规定，后文会专门讨论。

当然，从原则上讲，国会征税的权力是有限的，首先要受"无代表，不纳税"原则的限制，也就是说，征税的合法性来自于民众有权选举自己的代表，由这些代表来制定征税的法律，而不能由行政机关擅自征税。这个原则在美国"国父"们看来是不言而喻的，如果不是由民选议员决定征税，那根本就是抢劫行为。美国独立的一个重要理由就是大英帝国议会中没有殖民地的代表，却擅自对殖民地征税。在这个原则之下，联邦政府可以征哪些税，不能征哪些税，是不能限制的，因为人们不知道将来会发生什么急需税收的情形，不能限制它征一些税而不能征另外一些税。

汉密尔顿还从节约开支的角度论证了联邦比多个政府、邦联或者几个邦联的好处所在。他指出，联邦政府建立后，只有一套全国性的文官系统，只需要为这些人提供薪酬就可以了，假如各州独自为政或者几个州形成一个邦联，就需要有数套文官系统，民众的负担更重，交的税会更多。没有联邦，各州都需要组建军队保护自己，成本比联合在一起要高得多。既然战争、外交事务是各州共同面临的，是全国性的，何不联合在一起交给一个全国性政府呢？当然，今天的联邦政府雇员相当多，但当时是很少的，不像今天这样。

针对有人以国土幅员辽阔为由反对建立一个联邦政府，麦迪逊提出了几点反驳意见。第一，建立一个联邦政府或者全国性政府，绝不意味着要废除地方政府。因为这个联邦政府的权力是非常有限的，地方政府依然保留它们自己的权力。并且，他强调指出，即使有一天地方政府真要被废除了，联邦政府为了自保也必须重新设立地方政府，因为它自己没有能力统治和管辖这个国家。这一点可以参考单一制国家的情况，中央政府再强大、再有力，也不能把所有地方政府都废掉，进行直接统治。如果它想那样做，首先会遭遇信息不对称的难题，它无法管理每个地方非常细小的微不足道的事务，它很难了解地方的真实情况，特别是对于一个大国而言。再加上交通不便等因素的制约，它是很难统治地方的。

在中国历史上，皇帝、中央政府虽然权力很大，但仍然存在着一定程度的地方自治。由于交通不便、信息不畅等，导致皇帝无法统治每个乡村，因此，历史上有所谓"皇权不下县"的说法，在县以下没有正式的政府。当然，这并不意味着它不可以通过一些方式干预或渗透，特别是，越到帝国晚期，它对地方的控制就越强。即使在今天，交通、通信都不再是决定性的障碍，中央政府想要直接统治一个大国也是非常困难的。

此外，对联邦政府的支持，其实是来自各州民众的，没有他们，联邦政府一天也存在不下去。当然，根据宪法，联邦政府也决没有权力撤掉一个州，或者合并一个州。而在中央集权国家，中央政府想设一个省就设一个，想撤就撤，想合并就合并，它完全有权力这样做。

第二，设立联邦政府的短期目标或直接目标是将十三个州联合在一起，这完全具有可行性。如果将来领土扩大了，有更多的州希望加入进来，也是可以实现的。也就是说，这个联邦是有弹性的，是可以扩大的。

第三，虽然联邦的范围很大，但随着道路的改善，交通状况会变好，信息也会更加畅通，联邦的治理不是太大的问题。麦迪逊其实是想让大家放弃一种担忧——建立幅员辽阔的联邦政体之后治理效果反而变差了。在当时来看，十三州的国土面积确实很大，比世界上很多国家都要大，所以人们非常担心联邦政府能否进行有效治理，尤其是对于一个共和国而言。但在今天看来，十三个州就是东边的一小块。

第四，从军事角度考虑，虽然十三个州位置不一样，但在很大程度上讲，这十三个州几乎都是边界，东边靠近大海，西边靠近印第安人或者其他国家的殖民地，每一个州都有动力为共同的防卫做出努力，不会因为这些州之间利益不平衡，一些州愿意积极努力，另一些州对公共利益不感兴趣。麦迪逊说，不用担心这一点，每个州都会做出努力，因为大家都是边界，都有一些共同的诉求。经过一段时间之后，这些州之间能实现一种适当的均衡状态，不会出现太大的不平衡的局面。

在《联邦党人文集》第十四篇结束的时候，麦迪逊提出了"扩展共和国"（extended republic）的概念。它的含义跟"复合共和国""联邦共和国"（federal republic）一样。十八世纪之前的理论家只习惯于小共和国，在他们看来，大共和国是不可能的，只有小的国家才能建成共和国。麦迪逊说，不要以为我们建立了一个扩展共和国、一个大共和国、一个联邦共和国、一个复合共和国，你们就反对，仅仅因为它新颖，你们就反对；你们要看我们设计的架构是不是合理，能不能保卫我们的自由和安全。如果能实现这种目标，我们就不应该因为它是一个新生事物而盲目反对。

邦联与联邦到底有什么区别？

为什么要从邦联转向联邦？欲回答这个问题，首先得弄清二者之间到底存在什么样的区别。汉密尔顿用了相当大的篇幅来论证邦联和联邦之间的区别。在《联邦党人文集》第十五篇，他讨论的角度或者出发点是立法的原则。在邦联时代，邦联政府立法的对象是每个州或者每个邦；而联邦的立法对象是个人，联邦政府的所有法律都是让每个公民怎么样，例如公民不向联邦政府缴税，公民违反联邦法律，应该遭受什么处罚等。

可见，邦联和联邦在立法对象或者管辖对象上，是完全不一样的，这是非常重大的区别。因为这种区别，汉密尔顿说，邦联政府其实不是一个政府，而是一堆政府组成的一个联盟，这是一种主权之内的主权，或者主权之上的主权，政府之上的政府。这不是一种严格意义上的政体类型。而在联邦政体下，无论是各州还是联邦政府，都建立在个人基础之上，它建立了两个层面的政府，或者说两个不同的政府混合在一起。为什么把这种政体叫作复合共和国？就是每个州是一个共和国，联邦又是一个共和国。这两个共和国的差别在于他们有不同的管辖范围和权力范围，而不是相互隶属的关系。这样的政体才是一个政府。

邦联的困难在于，它的统治对象是一个州，如果某个州违法了，它没有办法通过和平的方式处罚它。所以，汉密尔顿说，邦联政体和政府的义涵是不相容的，因为政府必须要以温和的行政力量运作。如果政府动不动要开战，就不算一个政府。而邦联必须时刻诉诸武力，只要某个州违法就要用武力解决。所以他说邦联就像一个联盟，能不能发挥作用完全依赖于各州的善意：自愿地缴税，自觉地执行法律。否则，邦联的所有法律都不过是一纸空文，无法强制执行。这种联盟或者邦联非常脆弱，它不能通过一种有机的方式把大家紧密地结合在一起，随时都可能会崩溃。

在《联邦党人文集》中，作者举了很多历史上的例子，分析了古希腊、罗马以来各种各样的联盟及联合，指出他们要么内部相互争斗，要么分崩离析，都无法长期存在。

汉密尔顿指出，政府唯一适当的统治对象是公民个人。只有建立在公民个人基础之上的政体，才算一个政府，或者说，政府本身的特点就决定了它执法的对象只能是个人，而不能是集体。

汉密尔顿认为政府之所以要建立在个人基础之上而不是集体基础之上，是因为个人比集体更在乎自己的荣誉。一个人违法被发现了，会被处罚，若他很在乎自己的荣誉，很多时候，他可能会主动、自觉地遵守法律，不去违反。但对一个州而言，违反就违反，没有人为这个州承担任何荣誉上的损失，它不会有任何声望、名誉上的痛苦和不安，只有个人才会有。所以，从这个意义上讲，政府也不能建立在集体之上，因为集体是没有理性的，集体不会思考，没有情感。只有个人才会思考、有情感，只有个人才是道德存在。

汉密尔顿指出，在邦联体制下，如果州不执行法律，法律就成了摆设，可想而知，邦联的命运就是无政府，最后会名存实亡。在邦联时代，邦联政府只有立法机关——国会，没有行政机关——总统，也没有司法机关。那它立出来的法如何执行？执行遇到了问题，谁来判断它是否公正？这些都没有。

而在联邦体制下，因为它是以个人为单位，只有当州积极或者直接对抗联邦法律时，法律才无法在那个州实行；如果州不是积极抵制联邦法律在本州的执行，法律就能够被执行。一个州要想让联邦法律不奏效，必须得进行积极的对抗，拒绝联邦执法人员执法。美国历史上曾发生过州政府对抗联邦政府的"布朗案件"：联邦最高法院判决让黑人跟白人一起上学，但阿肯色州州长抵制了这个判决，不允许当地黑人进入公立学校与白人一起上学，艾森豪威尔总统干脆调兵遣将，直接派军队过去护送那些黑人学生去学校。

由此可知，邦联和联邦执行法律的方式或模式是不一样的。在联邦体制下，州一般不会用积极或直接的方式对抗联邦政府，除非它认为自己的利益受到了严重侵犯。即使州认为自己利益受到了侵犯，通常也不会采取直接对抗的方式，因为在联邦体制下，有一种解决联邦和州之间冲突的渠道——诉诸联邦最高法院。

人们热爱各州胜过热爱联邦

反对新宪法的人，担心联邦政府建立之后会变得太过强大，以至于州政府很难对抗它，导致联邦政府专权。汉密尔顿的看法恰好相反，在他看来，在联邦政体下，与其说容易导致全国性政府或者联邦政府专制，不如说更容易导致各州之间出现无政府状态。向心力远远不如离心力强。州政府更容易侵犯全国性政府的权力，因为州政府对人民影响更大，州政府贴近人们的生活，管辖的事务跟日常生活密切相关，包括财产、婚姻、继承、教育、交通等。而联邦政府离民众很遥远，只管战争、外交，跟老百姓日常生活没什么交集，因此，它不会跟大家产生感情，民众不会喜欢它。老百姓更多倾向于让州政府有更大的权力，而不是联邦政府。

汉密尔顿指出，从人性的角度考虑，人们也会更爱自己的地方政府，而不是联邦政府。为什么呢？首先，距离的远近会影响人们的情感。比如，跟你的邻居相比，你更爱自己的家人，因为家人比邻居更近；但跟整个社会相比，你更爱你的邻居，更爱你周围的人，更关心他们，而不是关心一个遥远的陌生人。州政府离民众比联邦政府近得多，大家对它有更深的感情。

在美国或者联邦制国家，老百姓对自己的地方、自己的家乡的感情都比较深。原因就在于地方事务跟每个人密切相关，而且你有权利参与，每个人都是地方事务的主宰者，当地的法律、政策都是你参与制定的，所以你对它有情感。正如托克维尔强调的一样：在那里，每个人都热爱自己的家乡，而不是热爱一种遥远的存在。在拥有高度地方自治传统的地方，你会认为自己是地方的主人，当然对它有发自内心的热爱，每个人首先都是一个地方的人。

而在没有地方自治的地方，一个人好像是生活在真空中的世界公民，跟地方没有关系，他不是生活在特定的地方、特定的社区、特定的社会当中。当切断了一个人跟地方的联系，他就只忠诚于所谓的国家，只承认一重忠诚，不承认多重忠诚。联邦制国家其实就意味着允许多重忠诚，一个人既对地方政府忠诚，也对联邦政府忠诚。这两种忠诚是同时存在的，跟中央集权国家形成了鲜明的对比。

为什么州政府比联邦政府有更多的优势？因为它们管辖的范围不一样，管辖权不一样。所有民事案件、刑事案件均由州政府处理，也就是说，日常的正义、秩序、对生命和财产的保护，通通都是由州政府完成的，人们当然更热爱它，因为它替你主持正义，替你维持秩序。而联邦政府离公民太遥远，它所保护的全国性利益很难唤起民众对它的热爱和情感。所以，汉密尔顿强调说，大家不用担心建立联邦政体之后，联邦会变得强大，会变成专制独裁者，地方政府会衰落或者消亡。相反，民众的热情始终是在地方。但在一种情况下会发生变化，那就是，联邦政府治理得非常好，而地方政府治理得非常糟，民众更热爱联邦政府。这是一种自然而然的情感。地方政府应该改进或者改善自己的管理，而不是谴责联邦政府管理得太好，把民心争取过去了。只有在这种情况下，才有可能导致人心更加倾向于联邦政府。但是，对于一个新生的政府、一个全新的联邦政府、一个离大家如此遥远的政府来说，这是非常困难的。

汉密尔顿还提到了封建跟联邦或邦联的关系。今天一提到"封建"，很多人就想起"封建专制"这样的表述，其实，封建社会不一定是专制社会。对欧洲来说，中世纪（约 500—1500）是封建时代。曾经有一段时间，人们认为中世纪非常黑暗，其实，中世纪并不全是黑暗，它也有相当光明的一面。可以说，近现代宪政的元素大都是在中世纪扎的根，十二、十三世纪兴起的那些自治市、城市共和国依然值得赞扬，《大宪章》、城市宪章——最早的成文宪法，就是那个时候出现的。

封建时代有一个很重要的特点，它建立在契约基础之上，领主和领臣之间是契约关系，他们事先需要商定好领臣每年向领主缴纳多少赋税，服多长时间的兵役等。没有领臣的同意，领主不能擅自增加义务。这种契约关系对于后来宪政的起源和发展是非常关键的。封建社会的另一个重要特点是分封割据，存在多个权力中心。也就是说，它是一种多中心的格局，国王不过是最大的领主而已。当时的法律、司法都是多元化的、高度竞争性的。比如，庄园有庄园法，城市有城市法，教会有教会法，有各种各样的法律体系和司法体系相互竞争。在这样的格局下，搞专制是非常困难的，欧洲所称的绝对主义到十七世纪之后才开始出现。随着民族国家的形成，出现了法国、西班牙这种强大的中央集权政体，才有所谓的王权专制，国王想干什么就干什么。在英国，绝对主义只有非常短暂的历史，后来很快因为司法相对独立、议会权力变大等因素，把绝对主义抵消掉了。但是，在欧洲大陆，绝对主义存在的时间比较长，一直到今天，有些国家还没有完全摆脱这种阴影。所以，欧洲大陆这些国家建立宪制民主政体大都是比较晚近的事情，基本上是在二战以后。

在封建制下，不用担心国王做大，因为有很多诸侯和贵族制约着他，就像在联邦制下，联邦政府很难变得太过强大一样。汉密尔顿说，联邦政体的发展趋势，与其说是走向联邦政府的专制，不如说是走向无政府状态。

邦联政府存在哪些缺陷？

为了论证为何要从邦联走向联邦，《联邦党人文集》的作者考察了历史上邦联失败的案例。他们发现，从古希腊的联盟到近代的德意志、瑞士、波兰和荷兰的邦联，之所以失败，主要是由于它们太过松散，建立在各个成员主权独立基础之上，不能直接对民众进行统治。

瑞士的例子值得注意。1291 年，三个瑞士的共同体开始形成邦联，后来不断扩大。在那里，每个邦国、市镇或公社（commune）都是一个小共和国，拥有高度的自治权。这个邦联的松散性十分明显，它没有共同的财政部门，没有共同的军队——即使在战争时期，没有共同的货币，没有共同的司法部门。这样的邦联几乎没有什么权威。用麦迪逊的话说，它能够存在主要是因为那里特殊的地形——阿尔卑斯山区、单个邦国的弱小、民众之间因同质而纷争稀少以及相互帮助的需要等。但是，一旦它们之间出现了纷争，邦国就会四分五裂，比如，宗教改革之后，新教邦国和天主教邦国之间就爆发了流血冲突，而且分别与不同的国家进行结盟，邦联名存实亡。

1848 年之后，瑞士改为联邦制政体，成了一个真正的自由共和国。我们很难想象，瑞士这么小的一个国家，人口只有七百来万，居然也实行联邦制。它分为二十六个邦（cantons）——相当于美国的州。这二十六个邦又分成大约两千七百个公社或市镇，每个市镇都是高度自治的。甚至可以说，瑞士这种联邦比美国走得更远。在美国，每个公民都有双重公民身份，比如，一个人首先是某个州的公民，其次才是美利坚合众国的公民；但在瑞士，每个公民都有三重公民身份，首先，你是一个公社的公民，其次，你是一个邦的公民，再次，你才是瑞士联邦的公民。而且，它的一些邦的权力比美国州的权力还大，有一定程度的外交权，可以跟外国签订一些经济协议等。

　　瑞士的特点在于，很多事务都搞直接民主、全民公投。现在，他们讨论重大事务的时候还是把全公社的人都召集起来到广场上开会，会议表决按照声音大小决定，不严格查票，主持人问与会者赞成还是不赞成某个方案，如果赞成的声音大就通过。瑞士实行的是直接民主和间接民主相结合的制度，它在联邦层面、州层面实行代议制，选举议员，而在基层实行的是直接民主，因为它足够小，人口足够少。当然，瑞士的地理位置比较独特，以至于周边大国想要占领它或者吃掉它，都不是太容易，这个国家除了山就是水。

　　荷兰联省的例子也值得一提。荷兰从十六世纪之后开始建立联省共和国，有点中国二十世纪二十年代联省自治的味道。当时，荷兰的七个省联合起来建立了一个邦联政体，对所有重要事项，实行全体一致同意原则，也就是说，七个省必须全体一致同意才能批准一个重要事项，跟美国邦联时代一样。这种架构和决策方式带来很多问题，包括邦联政府的无能——因为没有各省的一致同意，它什么都做不了，各省之间因为税收负担不公而产生纷争，以及在外交问题上各省不能及时达成一致而面临被入侵的威胁等。实际上，在紧急情况下，全体一致同意原则不止一次被违反，导致宪法的合法性被侵蚀。

　　在麦迪逊考察了这些失败的案例之后，汉密尔顿总结了邦联政府的一些主要缺陷。第一个缺陷是它没有对法律的执行权。由于邦联政府没有自己的执法机关和司法机关，它的法律要想得到执行，有赖于每个州的帮助或自愿、自觉地执行。任何一个政府要想存在下去，这三个机关都是必需的。立法机关制定法律，但法律不会自己执行，也不会自己适用，所以必须得有像总统一样的行政机关去主动、积极地执行法律，同时，还得有一个司法机关来适用和解释法律，解决纠纷。

第二个缺陷是各州之间缺乏一种相互保证。在邦联体制下，有的州遵守了法律，或者执行了某个命令，而有的州不遵守、不执行该怎么办？你交了税，我不一定交，已经交了的就会觉得不公平，下次也不交了。大家无法相互保证会同时遵守法律，同时履行义务。如果一些州履行了，另一些州没有履行，履行的州会觉得吃亏了，以后也不履行了。没有履行法律的，这一次占了便宜，下一次肯定希望继续占便宜。这种松散的联合是无法持久存在的，以至于法律在大部分情况下都沦为摆设，无法执行。

第三个缺陷是各州财政方面的贡献，实行的是一种配额制，导致各州财政负担不公。邦联政府向每个州征收的税是固定的配额，比如你今年交十万美元，它交二十万美元，另一个交三十万美元，是固定的。这种配额制带来很大的问题：如何决定这个配额？每个州应该交多少？按照什么标准划分？有的州主张按照土地面积划分，土地多的就多交，但有的州觉得不公平，主张按照人口划分，人口多的应该多交。无论是按照人口还是土地来配额，都会带来不公平的情况：某个州土地特别多，但人口稀少，让它交很多税，它就很难负担；相反，某个州人口很多，而土地很少，它就觉得资源稀缺，交太多的税对自己十分不利。所以，实行配额制一定会导致不公平，总会有一些州觉得自己受到了歧视。

其实，决定一个州财政能力的因素非常多，除了土地和人口，还能找到很多因素，比如贸易、工业、矿产资源等。邦联政府无法把所有因素都考虑在内，因为它无法评估这些东西哪个更有价值，哪个更重要。因此，汉密尔顿指出，不管根据什么方式来实行配额制，无论土地还是人口，都是不公正的。而这种不公正，恰恰为摧毁邦联埋下了祸根。因为邦联能不能维系的决定性因素，就是看大家是不是为它交税，支付财政收入。如果不支付，邦联政府一天也运转不下去。

汉密尔顿提出，要想解决这个难题，联邦政府必须拥有自己的征税权，不是从各州征一定的配额，而是直接向每个公民征税，如此，各州政府就不能控制联邦，无法掌握它的命运了。他说，除了这种方式以外，没有其他方法能避免邦联必然崩溃的命运。他还指出，实行联邦制之后，虽然联邦政府对各州公民征税也会带来一些问题，但联邦政府征收的税可能是多种多样的，有些税是按照人口计算，另一些则是按照财产计算，还有土地税、消费税、关税等，各种税和征税方式混合在一起，让各州感觉到这是一个公平的交易，是一种平等的征税方式，不会让大家因为不公平或受到歧视而放弃给联邦政府贡献财政收入。

同时，汉密尔顿再次强调了联邦政府为什么应该主要依赖间接税而不是直接税。他说，征收直接税，比如对土地征税，会面临一个很大的问题，即如何确定征收标准，或者说如何衡量和评估某项财产的价值。他说，任何国家对土地进行估值的时候都面临着难题。当时不像现在一样，每块土地都有一个市场价，当时可能很难找到这种可以参考的市场价，或者，找到大家都认可、接受的标准，那么，征税的时候按照什么征呢？一个人拥有的土地面积很大，但是很边远，另一个人拥有的土地面积很小，但是在城市里面，评估二者价值的大小并不是一件容易的事。所以，他建议联邦政府最好别征这样的税，因为这样征税会给征税官和政府太大的自由裁量权，很难对这种权力进行限制，而且征这样的税会带来反抗，造成人们的不满，以至于威胁到联邦政府的基础。

第四个缺陷是它缺乏对贸易的管理权，特别是州与州之间的贸易。邦联政府没有管理州际贸易的权力，每个州都可以设置贸易壁垒，州与州之间的冲突和摩擦无法解决。而且，因为邦联政府没有对贸易的管辖权，所以也没有权力跟外国签订贸易方面的条约。成立联邦政府则可以打破州与州之间的壁垒，建立一个统一的大市场。

第五个缺陷是缺乏必要的军事力量。邦联政府没有自己的军队，它所谓的召集军队的权力不过是向各州征用一定的人力。也就是说，它想要打仗的话，需要由每个州派一些人组成一支军队。它没有独自征税的权力，自己无法养活军队。这种征兵方式不仅不利于节约和保持活力，还会导致不平等的人员分配：根据什么标准向各州征用人力？是根据人口数量还是资源多少？没有合适的标准。所以，汉密尔顿说，无论是对税还是对人，配额制和征用制都是非常愚蠢的方式，会导致成员国之间必然的不平等，让各成员国之间产生矛盾。

第六个缺陷是每个邦的投票权是平等的。不管这个邦有多少人口和资源，每个邦在邦联国会中都有同样的投票权。汉密尔顿说，这与共和政体的根本原则不符，共和政体是适用多数决原则的，如果所有邦都有平等投票权，只能实行全体一致同意原则，只要有一个州不同意，一部法律也没办法通过。这样就会造成少数州操控多数州命运的结果：即使三分之二的州都同意某部法律、某个方案，但因为三分之一的州不同意，照样无法生效。他还指出，邦联国会投票的时候，即使不实行全体一致同意原则，比如，实行三分之二多数决，也同样存在问题：虽然三分之二的州同意某法案，但这三分之二的州可能只拥有少数人口，各个州的人数是不一样的。需要指出的是，类似的情况在美国总统大选的时候也能见到，当选总统拿到的选举人票是多数，但他获得的选民票未必是多数，因为每个州的选举人票和人口数量并不完全成正比。让少数否决多数，就等于说否定了共和政府的原则——多数决。全体一致同意的投票方式，让国会的任何行动都变得非常困难，几乎什么事都干不了。

在汉密尔顿看来，全体一致同意原则存在着几个致命的弊病：（1）少数战胜多数；（2）否决权可能会被滥用，只要有一个州投否决票，方案或者法律就无法生效，导致政府无法采取任何行动；（3）谈判经常是长期的、持久的，效率非常低；（4）这种低效的运作方式很容易导致外国入侵，以及内部之间的派系斗争。我们应当改变这种投票方式。

我们知道，美国走上联邦之路后，国会改为两院制，两院制既考虑了人口，又考虑了地域，实行的也是多数决的投票规则。需要特别指出的是，全体一致同意原则并不是错误的。全体一致同意，是一种最具有合法性的投票原则，在全体一致同意的情况下，没有任何人被强迫，只是，它的交易成本太高。美国公共选择学派的开创者詹姆斯·布坎南（James M. Buchanan）在其经典著作《同意的计算》中，研究了全体一致同意所带来的两方面成本：外部成本和交易成本，这二者的交叉点被认为是最佳的制度安排。[①] 在布坎南看来，美国国会立法有一个缺陷，特别是关于征税的法律，实行简单多数决很容易出现多数的暴政。布坎南认为，应该增加这种征税法律通过的难度，要将投票规则从简单多数决变成三分之二、四分之三或者六分之五等，让它接近全体一致同意。虽然不能达到全体一致同意，但越接近就意味着越少的人受到强制，法律就更具有合法性，多数的暴政在很大程度上就可以减弱。[②]

第七个缺陷是邦联政府缺乏司法权，没有自己独立的法院。这种情况下，邦联政府制定的所有法律都无法得到适用，所有法律在汉密尔顿看来都是一纸空文。

第八个缺陷是邦联政府没有经过人民的批准。它只经过了各州批准，只建立在各州基础之上，各州同意了，这个邦联就成立了，对人民而言，它缺乏合法性。而联邦则是需要经过各州人民的同意，虽然

---

① Buchanan，James M. and Gordon Tullock. 1999. Calculus of Consent：The Logical Foundations of Constitutional Democracy（Vol. 3, the Collected Works of James M. Buchanan）. Indianapolis：Liberty Fund. First published in 1962.

② Brennan，Geoffrey and James M. Buchanan. 2000. *The Power to Tax: Analytical Foundations of a Fiscal Constitution*（Vol. 9, the Collected Works of James M. Buchanan）. Indianapolis：Liberty Fund. First published in 1980.

是以每个州单独投票的方式进行，但是每个州都会召开制宪会议，专门有人民选举的代表来投票是否支持这部新宪法。所以，这部新宪法是经过人民同意的，而不是各州政府同意的产物。宪法规定，只要四分之三的州的人民同意了这部宪法，宪法就生效了。这体现了联邦是建立在人民基础上的，是经过人民同意的。这是联邦与邦联非常重要的区别。

第五章 为何联邦政府需要常备军和征税权？

同一支纪律严明的正规军稳健作战，只有同样的军队才有可能成功。……战争，像许多其他事物一样，是一门学问，需要通过勤奋、坚毅、时间和实践才能掌握和完善。

——汉密尔顿（《联邦党人文集》第二十五篇）

联邦政府可以维持常备军吗？

在 1787 年美国制宪会议上，以及此后为批准它而进行的论战中，常备军都是一个绕不开的话题。因为人们对刚结束不久的独立战争记忆犹新，对大英帝国的"红衫军"恨之入骨，在他们看来，乔治三世之所以专横跋扈，压迫殖民地民众，就是仗着他的常备军——当时英军是世界上最强大的军队之一。《独立宣言》中列举的英王的一条罪状就是他不经殖民地议会的同意而维持常备军，并将军队驻扎在平民家里。刚刚赶走了一支常备军，又要在国内建立一支，很多人无法接受。

尽管常备军的历史可以追溯到古代，但在漫长的欧洲中世纪，打仗主要靠雇佣军和临时性部队，现代意义上的常备军基本上是在欧洲进入绝对主义（absolutism）时代之后才开始出现，尤其是在欧洲大陆的那些中央集权国家。在欧洲的封建时代，服兵役通常是领主和领臣之间契约的规定，当领主需要打仗的时候，领臣会派人提供军事服务，没什么常备军。为了捍卫自古以来即享有的自由，英国人对常备军非常敏感。"光荣革命"之后的《权利法案》规定，除非经议会同意，国王不得在和平时期招募或者维持常备军，否则，即构成违法行为。但这并没有阻止此后的英国国王招募和拥有常备军，到乔治三世时，他拥有了一支装备精良、武器先进的常备军。在独立战争中，美国人吃尽了苦头，坚持抗争了八年，才换来了和平和自由。

在这样的背景下，人们能不担心常备军吗？反联邦党人抓住的新宪法的一个把柄就是它允许联邦政府在和平时期拥有常备军，他们认为这是对自由的最大威胁之一，于是连篇累牍地撰文批驳。其实，即使是支持新宪法的"国父"们，也对和平时期的常备军心存忌惮，就连联邦宪法最有力的鼓吹者之一麦迪逊也不例外。譬如，在1787年6月29日的制宪会议发言中，他意味深长地说："一支常备军，加上权力不断扩大的行政机关，长期而言，不会是自由的安全伴侣。防御外来危险的手段，一直都是在国内推行暴政的工具。在罗马人中，无论何时存在反叛的担忧，不变的法则就是，发动一场战争。在整个欧洲，军队从来都是在防御外来入侵的借口下奴役人民。"

对于常备军的问题，新宪法到底是如何规定的呢？根据其第一条第八款：国会有权招募和维持陆军，但为此而进行的拨款每次不得超过两年；有权招募和维持一支海军。据此，反对者认为，新宪法允许联邦政府在和平时期拥有常备军，因为宪法上没有明确禁止它。他们担心，这样的权力可能会使联邦政府蜕变为一个专制政府，对个人的自由和各州的权利构成威胁。

对此，汉密尔顿反复强调，当时的美国需要一个更加有活力的政府，以保障各州的安全，维持国内秩序，防止各州之间的冲突等。为了实现这些目标，必须赋予联邦政府相应的手段，否则，那些目标根本无法实现。邦联政府的问题就在于它没有相应的手段，干不了这些事情，它是一个无效的政府。

在汉密尔顿看来，为了让联邦政府提供保护各州的共同防务，应当允许其拥有招募和维持军队的权力，并应当为此提供财政支持，而且，不应当对联邦的这些权力进行不当的限制，因为人们无法事先预见将来可能发生的各种紧急情况，无法预见什么样的手段才足以保护国家的安全，所以，不能在宪法上完全禁止常备军，即使是和平时期。

汉密尔顿指出，虽然国会拥有招募和维持军队的权力，但宪法里也同时规定国会为维持军队开支的拨款，一次不能超过两年，两年之后，需要国会重新拨款。也就是说，每次只能拨维持两年开支的军费，两年之后，如果国会认为军队不需要了，可以停止拨款，不拨款，军队自然就无法存在了。很明显，这一规定是试图从时间上阻止常备军的永久化。

从美国建国之后的历史来看，军队是一直存在的，虽然在内战之前，它的规模很小，主要被部署在边疆维持安全。现在，虽然一些美国人在不停地呼吁减少甚至废除常备军，但当前的国际大环境，特别是恐怖主义势力的猖獗等，都让美国几乎不可能取消常备军。

然后，汉密尔顿讨论了一些州宪法上的规定。他发现，在当时的十三个州中，只有两个州——宾夕法尼亚州和北卡罗来纳州在宪法上明确禁止在和平时期维持常备军，而其余十一个州的宪法，要么没有规定，要么允许立法机关授权和平时期常备军的存在，也就是说，州的立法机关有权决定和平时期是否需要维持常备军，需要的话就维持，不需要的话就可以裁撤。据此，汉密尔顿说，各州并没有完全禁止和平时期的常备军，为什么联邦要禁止呢？

他甚至说，我们不应当限制和平时期的常备军，即使你进行了限制，也不一定能得到遵守。因为在独立战争之前以及之后，我们一直需要在靠近印第安人的西部边疆维持一支部队，没有人会质疑这种必要性。其实，只有两种办法来维持这支部队，一是临时召集民兵，在需要的时候派往边疆，但问题是，这种任务常常需要士兵在那里驻扎很长时间，这对民兵来说是一个巨大的负担，他们都有自己的生活和工作，不可能长时间驻扎在边境；另一种办法是维持一支永久性的兵团，由政府来拨款，而这跟常备军有什么区别吗？

汉密尔顿表示，虽然欧洲强国离我们很远，但我们也不能对国家安全太有信心，不知道什么时候就得应付突如其来的战争，没有常备军恐怕会让我们措手不及。所以，他建议，是否设立常备军，是否长久维持，还是应当交给国会来决定，不应在宪法上直接禁止。

当时，很多人担心，国会掌握维持常备军的权力后，联邦政府可能会利用常备军镇压州政府，甚至消灭州政府，或者对人民进行暴政统治。对此，汉密尔顿说，让军队掌握在联邦政府手里，人民的自由会更有保障，因为人民对联邦政府总是充满怀疑和妒忌之心，而对于地方政府却过于信任。我们每个人对自己的地方政府都是有感情的，而联邦政府关心的事务都是全国性的，跟大家日常生活没有紧密的联系。从这个意义上讲，把军队交给联邦政府，可能比交给各州政府要好，因为人们对联邦政府不信任，而对自己的州政府则盲目信任，而这种盲目信任会让人失去警觉，当人们的权利和自由受到侵犯的时候，他们往往感受不到。无论如何，让联邦政府拥有维持常备军的权力，并不会带来人们想象中的危险，反而对人们的自由更有保障。

还有人指出，万一有战争的需求，或者，万一有维持秩序与安宁的需要，我们不是还有民兵吗？我们在跟大英帝国作战的时候，很大程度上不也是依赖民兵吗？为什么还要常备军呢？汉密尔顿的回答是：不能指望民兵。如果是一支纪律严明、训练有素的常备军要侵犯我们，想要与之对抗，应该用同样纪律严明、训练有素的常备军，如果只靠民兵，获胜将非常困难。独立战争时期，由于过于依赖民兵，导致很多人失去了生命，付出了惨痛的代价。无论那些民兵多么勇敢，这个国家的自由不可能只依赖他们。

他接着说，战争是一门学问，必须通过长期不懈的努力和实践才能掌握。如果没有常备军，到了需要打仗的时候，大家各方面都不熟练，不会使用武器，不会制订作战计划等，很难获得胜利。毋庸置疑，军人是一种职业，必须让一些人经受一段时间的训练和实践之后，才能掌握作战这门技艺。因此，常备军的存在是必要的。

很多人认为，应该在宪法中明确禁止和平时期维持常备军。汉密尔顿反问道：如何界定和平时期？到了战争时期再招募军队是否还来得及？他举例说，英国"光荣革命"之后，《权利法案》中规定，除非经议会同意，国王不得在和平时期招募或者维持常备军。那不过是说，在和平时期，是不是招募或者维持常备军，由议会说了算，并没有完全禁止国王在和平时期招募或者维持常备军。如果议会决定在和平时期不招募或者维持常备军，那就听议会的，如果议会同意在和平时期招募或者维持常备军，国王是可以这么做的。《权利法案》这样规定，正是因为英国人认识到，一支军队对于维护安全是必要的，准确界定国家的紧急情况是很困难的，有必要授予政府处理突发事件的权力，让议会来做决定是一个审慎的选择。英国的例子表明，不应该在宪法上完全禁止和平时期的常备军，而应当由国会来决定。

就各州宪法而言，虽然大多数州规定，不经州议会同意，和平时期不得维持常备军。但汉密尔顿认为，这样的规定是多余的，没什么意义。因为只有各州的议会有招募军队的权力，你还要在宪法上规定不经它的同意，不得在和平时期招募和维持常备军，岂不是多此一举！你已经把这个权力交给州议会了，就应该由州议会来决定是不是在和平时期招募和维持常备军。所以，在这个问题上，州宪法应该保持沉默，不应该再多余地规定未经州议会同意，不得在和平时期维持常备军。而且，即使在那两个对常备军做出了限制的州里面，也只是说限制常备军，并没有完全禁止，不是说它们不可以维持常备军，而是说在和平时期不可以维持常备军。同样道理，根据反对者的意见，在联邦宪法上写入这么一条——不经国会同意，不得在和平时期维持常备军——是没有意义的。

反对新宪法的人还提出，为了限制联邦政府在和平时期维持常备军，将其拨款期限一次限定为两年是无效的，因为行政机关一旦拥有一支强大到足以迫使人民服从的军队，它会想方设法为这支军队找到可以维持它的资源，足以使其不需要依赖立法机关的拨款就可以提供军需品。也就是说，一旦让联邦政府拥有了常备军，等到军队足够强大了，总统就能通过其他途径为这支军队找到钱，而不再需要经过国会投票同意的拨款。从某种意义上讲，反对者的这种担心并非杞人忧天，反观英国历史，当国王足够强大的时候，他就撇开议会，曾经几十年不召集议会，很容易蜕变为一个专制政体。

这些反对者担心总统也会绕过国会来维持军队，那将是非常危险的事情。汉密尔顿的回答是，在和平时期，总统不可能拥有一支强大的军队，只有在发生战争、内外冲突的情况下，他才有可能招募一支强大的军队；如果的确因为战争而招募了一支这样的军队，我们也无法阻止他，这是形势所迫。

今天，美国军队非常强大，而且总统经常利用军队或者战争来扩张自己的权力，这可能是当初的美国"国父"们始料不及的。好在美国的国会还没有放弃它对军队供给的掌控，并且宣布战争与和平的权力还掌握在国会手里。这在一定程度上阻止了总统滥用自己作为三军总司令的职权。

反对新宪法的人还提出，如果没有军事力量帮助联邦政府执行或者落实它的法律，联邦宪法就无法运作，所以，它维持常备军，很有可能是因为需要动用军队来执行联邦宪法和法律。也就是说，这支军队很有可能会成为联邦政府执行自己宪法和法律的后盾。汉密尔顿反驳说，这种担心是多余的，因为人们对一个政府的信心和服从，通常是与它治理的好坏成正比的，我们服从一个政府，不是因为它暴力强大，不是因为它掌握了一支庞大的军队，而是看它治理得怎么样，如果它治理得不好，我们是不会服从的，不会遵守它的法律和命令的。

汉密尔顿强调说，各种因素表明，联邦政府很可能比各州政府治理得要好。首先，在联邦政体下，国土的范围大了很多，老百姓在选举的时候，有了更多的选择，完全可能选出一些更出色的人到联邦政府里去，而不像在地方上，局限于一个小地方，即使你想选一些出色的人来治理，也可能选不出来，因为没有那么多出色的人选。其次，就参议院的构成而言，由于参议院的议员是通过每个州的议会间接选举产生的，选出来的议员会更加审慎，更有判断力，更加出类拔萃，而且更少受到民众激情的影响，更少为派系之争所左右，更少为不正义而行动等。这样，国会所做的决定会更加明智，更加合理，更加出色。

今天美国国会的参议员不再由间接选举产生，而是由每个州的选民直接选举产生。当时选择间接选举，很重要的原因是要过滤民众的激情，力求选出更出色、更精英的人士，更好地实现参、众两院之间的分权制衡，以及避免多数的暴政等。而改为直接选举后，这些好处就不再有了，却带来了很多坏处。在《论美国的民主》中，托克维尔曾讨论过这个问题。他对美国的选举提出了一些批评，特别是直接选举，在他看来弊端很多。他认为，美国民主的未来，就在于更多地采用间接选举的方式，因为他看到了多数的暴政的潜在危险，即凡是多数决定的事情，没有人敢反对，没有人可能反对。他说，如果在一个非民主体制下，比如君主制下，国王的合法性是比较低的，因为他是少数，他要制定一个恶法出来，可能大多数人都反对他，所以，改变它们还是比较容易的。但是，如果是在一个民主国家，法律是由大多数人来决定的，只有少数人会不同意，这少数人反对大多数人制定出来的法律，是非常困难的，甚至是不可能的。所以，他说，在民主体制下，一旦形成这种多数的暴政，比任何专制体制都更可怕，更危险。之所以要对多数人进行宪法上的限制，就是要防止多数的暴政的发生。

美国建国的时候，参议院的选举采用了间接选举方式，现在变成了直接选举，这对托克维尔或者美国"国父"们来讲，是不可思议的。因为这样做很难过滤选民的激情，很难阻止多数的暴政，多数的意见在任何时候都很容易上升为法律或者政策，少数想要反对也变得越来越难。而且，参议院的选举改为直选后，国会两院在选举方式上没了差别，相互间的制衡也就打了折扣。之所以要搞两院制，很重要的一个考虑就是想在国会内部实行进一步的分权制衡，这种分权制衡意味着，所有的法律都必须同时经过这两个院的同意，这是一个很高的要求。二十世纪之后，进入大众民主时代以来，很多民主国家，甚至包括美国在内，在福利国家的道路上越走越远，很重要的一点就是对民主的限制、对多数决的限制，越来越弱，或者说，本来存在的一些机制和限制手段都被取消了，多数的意志一旦上升为法律，就得执行，多数的暴政是很难防止的。

汉密尔顿还指出，不论是原先的邦联，还是现在的联邦，都会遇到一种情形，那就是州与州之间发生了冲突，或者某个州内部发生了叛乱，该如何维持秩序？如何保护人们的生命和财产安全？如果它们谁也不服谁，或者说，势均力敌，该怎么处理？你总不能假定国家内部永远不会发生叛乱，州与之州之间永远不会发生冲突吧。因此，我们的联邦需要掌握一支军队，以平息内部的叛乱，维持国内的和平。

有人提出，联邦政府掌握军队权力之后，滥用权力怎么办？汉密尔顿指出，这个新政府当中的所有人，不论是议员还是总统，都是由人民选举产生的，他们都是我们信得过的人，他们滥用权力，就跟各州的议员或者州长滥用权力一样，我们只能采取其他一些措施来限制他们，比如，设计分权制衡的架构，不论是横向的还是纵向的。但是，有了这些制衡也不意味着可以完全杜绝这些人滥用自己的权力。如果真的有一天，这些人民的代表，这些国会的议员，背叛了人民，对我们进行专制统治，我们除了行使自己原初的自卫权，保护自己的生命、自由和财产之外，没有别的办法。

在汉密尔顿看来，我们不应事先在宪法中禁止国会招募军队，而应通过相应的制度安排来约束政府，如果实在不奏效，就反抗它。首先，我们审慎地选举出那些值得信赖的人掌握权力；其次，我们通过分权制衡尽可能地防止他们滥用自己的权力。在这种情况下，如果当权者仍然背叛了我们的信任，用军队的枪口对准了我们，除了揭竿而起之外，别无选择。这种自卫权，永远在我们手里，它对于所有政体来说，都是非常重要的。不管我们将要设立一个怎样的政府，我们都拥有这种最终意义上的自卫权。

在某种意义上讲，美国宪法第二修正案所规定的公民持枪权，就是这种自卫权的一个反映。为什么在当时的"国父"们看来，持枪权那么重要？为什么要把它写在仅次于言论自由、宗教自由之后的第二修正案中？正是因为它是人民自卫权的一个体现。《独立宣言》中说，政府应当建立在人们同意基础之上，当它变得专制的时候，人们有权利反抗它，改变它。怎么反抗？怎么自卫？人们不可能赤手空拳对抗一个拥有暴力机器的政府，持枪权就提供了反抗和自卫的必要手段。美国"国父"们认为这是他们在殖民地时代享有的最珍贵权利之一。开国总统华盛顿曾经说过，持枪权的重要性仅次于宪法本身。英国历史上最伟大的法律家之一布莱克斯通（William Blackstone）也曾说，哪里的人们拥有持枪权，哪里就很难让暴政扎根。

汉密尔顿还提到，联邦政府和州政府经常是一种相互对抗或者敌对的关系，如果一个政府想要滥用权力，其他的政府就会对它保持警惕或者反抗。假如有一天，掌握着军队的联邦政府变得专制起来，州政府是可以联合起来反抗它的。我们不是还有十三个州政府吗？这足以对联邦政府构成一种威胁，让它不敢轻举妄动，除非它一下子能把这十三个州都拿下。而且，州政府总是能找到一些办法来反抗联邦政府对自由的侵犯。另外，养活军队需要很多资源和财力支撑，虽然我们赋予了联邦政府招募军队的权力，但问题是，在未来很长的一段时间内，它想维持一支庞大的军队是非常困难的，因为联邦政府根本没那么多资源。

反对新宪法的人认为，它赋予了联邦政府管理和规范民兵的权力，而这对于各州来说是一个威胁。汉密尔顿说，如果联邦政府可以管理和规范民兵，在一般情况下，它就不需要动用军队了。也就是说，民兵起着对军队的替代作用，民兵的存在，会让正规军队变得没有必要。如果我们不喜欢军队，就应该让联邦政府拥有使用民兵的权力。汉密尔顿说，让常备军变得毫无必要，是一种比下一千道书面禁令更有效的防止常备军的办法。现在我们经常看到，在美国，完成抢险救灾之类的任务，一般都不需要正规军队，动用民兵就可以了。还有一些国家不设常备军，主要靠民兵，有战争需要的时候，就由他们组成一支部队，完成防卫、维持秩序之类的任务。

为何联邦政府应拥有独立的征税权？

众所周知，对一个政府而言，征税的权力是必需的，税收是所有政府存在的基础，没有税收，政府一天也存在不下去，更别说发挥别的作用了。一些反对新宪法的人对于它授予联邦政府独立的征税权十分不满，担心它会被滥用。美国人对征税的权力比较敏感、警惕，这也很正常，他们当年宣布独立，跟英国打仗，导火索就跟征税有关。

美国从邦联走向联邦，征税也是一个很重要的原因。原先的邦联，只能对各州征税，不能对公民个人征税，而联邦政府，则可以对每个公民征税。很多反对者担心，联邦政府的征税权是不是太大了，会不会威胁到各州政府的存在，威胁到民众的自由和财产权。

汉密尔顿首先指出，邦联政府也可以征税，享有不受限制的征税权，但它建立在一个错误的基础之上，以至于它的目的根本无法实现，邦联政府只能向各州征税，实际上，就是向各州进行摊派，要求每个州拿出多少税来，而不是直接向公民个人征税。虽然它的征税权很大，或者说，它有不受限制的征税权，但只要州拒绝缴税，它就征不到税。邦联政府征税用的是一种间接的方式——各州公民先向州政府缴税，州政府再向邦联政府缴税，而联邦的成立，则使缴税转变成一种直接的方式，联邦政府拥有了直接向每个公民征税的权力。只有建立在这样一个原则之上，政府才能够发挥作用，它的财政来源才不至于被架空。

另外，一些人建议提前划分好联邦政府和各州政府税收的来源：联邦政府征收外部税（对外税），州政府征收内部税（州内税）。所谓外部税指的是跟进出口贸易有关的税，主要是关税，其他的税收则为内部税。汉密尔顿说，这种划分事实上限制了无论是联邦政府还是州政府征税的范围或者征税的权力，我们不知道一种税能产生多少财政收入，也不知道何时会发生紧急情况，不知道这些紧急情况需要多少税收等。所以，这样的划分是不适当的，没有任何道理。设立政府的一个原则就是，要给它足够的资源，让它能够行使自己的权力，否则，它的目标就会落空，也就失去了设立政府的意义。政府应当拥有履行它的义务所需要的所有权力，这些权力除了受到公共利益以及人们的同意限制之外，不应该受其他限制，比如，不能限制它能征收哪些税，不能征收哪些税，这样会挫败政府的目的。由于管理国防和确保安全没有边界，也不应该对政府行使这方面的权力所需的资源设置边界，否则，它无法完成自己的任务，除非它受到了整个国家所有资源的限制。

反对新宪法的人还主张，不能因为联邦政府完成自己的任务需要税收，就不对它的征税权力和范围进行限制，税收对于地方政府的意义，不亚于它对于联邦政府的重要性；联邦政府的不受限制的征税权力，很可能会导致地方政府的征税权被剥夺。反对者在这里说的"不受限制"，不是说联邦政府想征税就征税，而是说，联邦政府在"无代表，不纳税"原则约束之下，它不受征特定的税种或者税率之类的限制，不是说征税不需要经过国会的同意。根据美国宪法，征税的法律不仅要经国会同意，而且增加税收的法律，只能山众议院提出议案，参议院是没有权力提出的。这是另一个限制。

反对新宪法的人指出，由于联邦的法律成为全国最高的法律，而且联邦有权通过任何为行使它的权力所必需的法律，那么，联邦政府是不是也有权宣布废除州政府的征税权呢？他们担心联邦会垄断全部的征税权，导致各州政府失去存在的基础，最终被联邦摧毁。

汉密尔顿的回答是，我们首先应该想想，如何防止州政府滥用权力？如果我们有办法对付州政府滥用权力，我们也应该有办法对付联邦政府，因为它们的权力都来自人民，无论是州政府，还是联邦政府，都是我们选出来的。如何防止州政府滥用权力呢？毫无疑问，我们一方面要靠政府的组织架构，即分权制衡的制度安排；另一方面，从最终意义上讲，还是要靠人民自身。这对联邦政府而言，也同样适用。我们担心联邦政府会对州政府构成威胁，其实，州政府也同样会对联邦政府构成威胁。这是双向的。哪一方获胜，从根本上说，依赖于它所依靠的手段。在一个共和国里，力量总是在人民一边，总是掌握在人民手里，人民倾向谁，谁就会获胜，人民反抗谁，谁就胜不了。

那么，联邦政府和州政府比较起来，谁更容易获得人民的信任呢？答案是：州政府。州政府对人民的影响，比联邦政府要大得多。所以，在联邦政府和州政府的竞争中，州政府更可能处于优势地位。因此，担心联邦政府有一天会通过征税权蚕食掉州政府是没有道理的，州政府侵犯联邦政府的可能性，远远大于联邦政府侵犯州政府的可能性。

汉密尔顿说，根据这部新宪法，各州政府的征税权也是完全独立和不受限制的。各州有独立于联邦政府的征税权，完全不受制于联邦，它想征多少就征多少，想征什么税就征什么税，只要本州的人民同意。而且，在新的联邦体制下，州政府仍然拥有它曾经拥有的那些主权，只是把外交、战争等所有州都面临的问题交给了联邦政府。在一定程度上讲，各州仍然是一个独立王国。其实，联邦和各州在征税的权力方面，只有一点差别：联邦政府可以征关税，各州政府不行，因为联邦有权管理国际和州际贸易，征这种税，对它来说也是最便利和最合适的。在征收其他的税种方面，联邦和各州的权力是一样的，没有特别的限制。从这个意义上讲，联邦政府和州政府在征税权方面至少是可以抗衡的，而不是联邦政府占有优势。在我们建立的联邦共和国的内部，联邦和各州行使的是一种重叠性管辖权（overlapping jurisdictions），联邦和各州之间是一种主权分享的关系，它们管辖同样的公民，联邦政府征的税，各州政府也可以征，是否征收，取决于它们自己。

汉密尔顿接着指出，当我们在讨论征税权的时候，我们首先需要弄清楚权力是什么。权力就是做某件事情的能力，而这意味着，要有利用必需的手段的力量。立法权就是制定法律的权力，征税权就是制定课征赋税法律的权力。因此，立法机关必须拥有权制定必需且适当的法律的权力，以实现其征税权，否则，它无法征税。联邦政府拥有征税权，就意味着国会可以制定关于征税的法律，只要这种法律是必需的、适当的。如果我们让联邦政府拥有征税权，却不赋予它可以征税的必需且适当的手段，那它就无法完成我们给它设定的目标。反对者可能会说，什么样的法律才是"必需且适当的"？汉密尔顿解释道，这是所有授予联邦政府的权力都面临的问题，联邦政府首先要判断其权力的适当行使；其次，由民众来判断。如果联邦政府的权力超越了其边界，行使专制性的权力，人民只能诉诸其他相应的手段，采取一些合理的措施矫正这种行为。

反对者说，联邦法律是最高的法律，如果联邦政府制定了一个废除各州征税权力的法律，该怎么办？汉密尔顿的回答是，任何法律都包含最高性，不是说联邦政府的法律才是最高的。联邦法律最高的意思不过是说，只有根据宪法制定的那些法律，或者说，只有合乎宪法的那些法律，才在整个联邦具有至高无上性。如果它不合乎宪法，侵犯了州的权力，这样的法律根本不是最高的。难道各州的法律不是最高的吗？难道还有什么东西能够高过州的法律吗？在本州，它们肯定是最高的。联邦法律最高仅仅指的是，它们是适用于全联邦的；所有的州都需要这样的法律，它们才变成了联邦的法律，只不过是把一些普遍性的规则变成了适用于整个联邦的法律而已，它绝不意味着，联邦有权制定违反宪法或者侵犯州权的法律。

汉密尔顿说，联邦法律具有最高性，仅仅意味着，在合乎宪法的情况下，它们在整个联邦具有普遍适用性。如果联邦的法律侵犯了州的权力，这些法律就不具有至上性，而且还构成越权，构成违宪。联邦政府绝对不敢制定一部法律，宣布废除各州的征税权，宣布废除各州管理婚姻、财产、教育、治安之类的权力。它根本就没有这样的权力，联邦宪法授予联邦政府的权力是非常明确的，是有限的、列举式的。

当然，今天看美国的宪法，其中关于征税的规定也不是没有问题。其缺陷之一就是，没有从程序上对联邦政府的征税权进行更严格的限制，导致联邦政府权力越来越大，尤其是进入二十世纪之后，联邦政府有一堆的理由要征税，一会儿医保，一会儿教育，一会儿反恐，税征得越来越多，财政赤字也越来越大，这样下去，将非常危险。

诺贝尔经济学奖获得者布坎南一辈子所做的工作就是探索在宪法层面如何限制政府的征税权，防止其不断扩张。税收法定主义的看法认为，只要征税是根据国会通过的法律，就是合理的。但在布坎南看来，仅仅要求通过议会制定的法律进行征税，还不足以限制政府的扩张，不能遏制它向福利国家迈进，必须在宪法中对征收权进行约束。他发现，政府成了税收最大化的机器，它想方设法征更多的税。他提议，应当在宪法层面对政府的征税权进行更多的限制，比如，要给政府规定一个比例，每年征的税不应该超过国民生产总值的一定比例，或者，应该对国会的投票规则进行更严格的限制，要求其有更高的通过征税法律的标准。①

现在，美国国会的立法通过是半数以上议员同意即可，也就是说，只要半数以上的议员同意，征税的法律就生效了。更严格的投票规则意味着，要求三分之二、四分之三或者五分之四以上的议员同意，征税法律才能通过。当然，在全体一致同意的情况下，一部法律的合法性才最高，在这种情况下，没有任何人受到强制。如果是半数决的话，四十九个人必须受五十一个人的统治，这五十一个人想征什么税，那四十九个人即使都不同意也没办法。这是一种典型的多数的暴政。

由于征税权涉及财产权的问题，而财产权是一项基本权利，它是所有权利的根基，如果连公民的财产权都可以被肆意侵犯，那其他权利更保不住。美国大法官马歇尔说，征税的权力包含毁灭的力量。如果政府征税的权力不受限制，想征多少就征多少，它是可以摧毁你的。它把你所有的财产都征走了，你就变成了奴隶，没有办法获得独立，没有办法获得自己的人格和尊严，因为财产权是每个人获得独立、人格和自由的前提和基础。事实上，征税恰恰是对财产权的一种褫夺，只不过它是一种披着合法外衣的褫夺而已。

---

① Brennan, Geoffrey and James M. Buchanan. 2000. *The Power to Tax: Analytical Foundations of a Fiscal Constitution* (Vol. 9, the Collected Works of James M. Buchanan). Indianapolis: Liberty Fund. First published in 1980.

顺便指出，美国刚建国的时候，政府非常小，所管理的事情也非常有限。但是，十九世纪后半期以来，联邦政府权力不断扩张，它变得无处不在，它提供各种社会保障，财政赤字不断扩大，征税权遭到了滥用。总统候选人、议员候选人经常向选民许诺：如果你们选我，我给你们多么好的福利，但问题是，这要对富人甚至中产阶层多征税，这是建立在累进税基础之上的，是建立在对一些人财产权的剥夺基础之上的，是一种典型的对民主的滥用。

其实，如果每个人所交的税，跟他获得的福利同样多的话，估计没有多少人希望政府提供福利。你交一百块钱的税，政府给你提供的福利也值一百块钱，这没什么意义。你可以自己去购买，而且，从市场上买到的产品或者服务会更好，因为那里有竞争。人们要福利，就是想交十块钱的税，得到一百块钱的福利，也就是说，一定会有人为这九十块钱的福利买单。所以，对很多人来说，他们要福利的一个前提就是，由别人交更多的税，我要么不交税，要么交比别人交的少，比如，我交百分之十五，别人交百分之四十五，让别人出钱为我买单，那我才对福利感兴趣。

汉密尔顿反对限制联邦政府只能征特定税种，在他看来，人们在设计宪法时，不应该建立在当下的计算上，不能根据当下政府的开支或花费来对其征税权做出规范，因为我们不知道将来会发生什么，将来可能发生战争或者其他紧急情况，需要很多钱。如果我们现在捆死了联邦政府的手脚，那将来有紧急需要时，它就完成不了应该由其完成的任务。今天，我们可能没有那么多的仗要打，没有那么多的紧急情况发生，不需要联邦政府征那么多税，但是，谁知道以后会发生什么呢？我们不能等到需要的时候，通过违反宪法的方式去征税，或者，临时修改宪法，那样可能根本来不及，而且会破坏宪法的稳定性。我们设计的这部宪法，应该让它能够适应各种各样的情形，包括那些今天所无法预测的。

可以看出，美国"国父"们要建立的是一个永久的共和国，而不是一个昙花一现的存在，他们希望这个共和国能够长久存在下去，具有适应不同时代的能力。这启示我们，在设计新宪法、构建新政府的时候，不能只考虑短期利益，要有长远打算。

汉密尔顿对人性的认识是比较悲观的。他说，我们今天和平，并不意味着永远和平，战争是无法避免的，从历史上看，人们对战争的激情远远胜过他们对和平的热爱，将政治制度的设计建立在持久和平的基础之上是对人性的错误估计，是靠不住的。

的确，美国建国之后发生的战争不是很多，尤其是在十九世纪，1812 年有场和英国的战争，然后主要是内战——美国历史上最惨烈的战争，其他时候都比较安定。就像托克维尔所说的一样，美国在地理上有得天独厚的优势，是所有欧洲国家都不具备的。每一个欧洲国家周边都有一个强敌，大国林立，但是美国离那些大国都很遥远，所以它在军事上不需要投入太多。托克维尔甚至说，美国的统治者们不需要展示他们在军事上的荣耀，因为没有打仗的机会，而追求军事上的荣耀是摧毁共和国最致命的东西。欧洲历史上一些共和国为什么难以存在或者很短命，因为它们抵挡不住追求军事荣耀的诱惑。

　　汉密尔顿接着强调，由于联邦和各州的管辖权是重叠性的，因此，它们的征税权也应该是重叠性的，无论是联邦还是州，都有独立的征税权。这种重叠性的管辖权，跟之前邦联的制度安排相比，有很大的优越性，无论让州依附于联邦，还是让联邦依附于州，都不可取。既然是重叠性的管辖权，划分征税的对象也同样不可取，这样做容易产生两个弊端：一个是会阻碍特定行业的发展。如果规定联邦只能征某几种税，那么，当联邦需要更多钱的时候，它的选择范围将非常有限，只能对某个行业征更高的税，比如，规定联邦只能征收土地税，当联邦需要更多财政收入的时候，就必然对土地课征重税，这对于土地的开发利用是十分不利的。

　　另一个弊端是州与州之间，以及同州的公民之间，税收的分配可能很不公平。比如，规定联邦只能征收关税，为了获得足够的财政收入，联邦政府很可能征很高的关税，这对各州的生产、消费、进出口贸易都会产生影响，因为每个州的制造业不一样，公民的消费也不一样，过高的关税势必对一些州影响很大，而对另一些州没什么影响，对同一个州的一些公民影响大，而对另一些公民没什么影响等。显然，这会在州与州之间以及同一个州的公民之间制造不平等。

　　一些反对新宪法的人提出，为了防止联邦政府滥用征税权，避免征税时歧视某些群体，应该让国会里有各个阶层、各个职业的代表。有人担心，如果议员都是大农场主，他们可能会对其他从事贸易或制造业的人征更多的税。汉密尔顿说，这完全没有必要，没必要让每个阶层、每个职业都出一个代表，不是只有某个阶层的人才能代表他那个阶层，不是只有某个职业的人才能代表他那个职业。比如，商人完全可以代表技术工人和制造业者的利益，商人是他们的主顾和朋友，他们的利益密切关联在一起。大土地所有者和小土地所有者或者租户的利益也是一致的，他们都不希望土地税太高，他们完全可以在国会里相互代表，并非一定要划分出三六九等来。汉密尔顿指出，在选举资格相同的地方，不论是选举很少的代表，还是选举很多的代表，人们都会将票投给他们最信任的人，不论其财富多寡，不论其属于哪一个阶层，从事什么职业。

而且，也没有人能够分清楚世界上有多少个阶层、多少种职业或行业；根据何种标准来划分，大家恐怕也没有共同的看法。是不是我们还得考虑每一个职业或行业的人数，一个行业人多，它的代表就应该多；一个行业人少，代表就应该少；等等。人们的职业可能每天都在变，我们没办法准确知道一个行业到底有多少人。而且，一个新兴行业产生了，是不是也得马上给这个新兴行业几个代表名额呢？这显然是很荒唐的，法律将永远处于不确定状态。

因此，汉密尔顿说，国会里的议员可能主要来自土地所有者、商人、律师、医生等群体，但是，没有理由认为他们在征税问题上会对某个阶层或职业有所歧视。他还说，征税是一件要求很高的事情，要求政府有广泛的信息和政治经济学的支持，并不是说政府想征什么税就征什么税，很多的时候，如果你的制度设计不合理，考虑不周到，其实是征不到税的，或者说，纳税人是很容易规避掉的。理解这些征税知识和原则的人，不大可能对某个特定阶层或者职业的公民进行歧视，他们明白，最有成效的税收制度总是税负最轻的。

也有反对新宪法的人指出，国会议员对各个地方缺乏了解，或者说，缺乏地方性的知识，他们制定的税法，可能会对州的税法产生不利的影响，因此，联邦的税收很可能会带来一些不合理的结果。汉密尔顿回应道，这个问题不会构成对联邦征税的障碍，因为征税通常是由一些个人或个人组成的委员会来进行的，而联邦的那些政治家都是消息比较灵通、受过良好教育或者具备丰富知识的人，他们完全有能力对征税对象进行较为充分的调查、了解和研究，在此基础之上，再选定或决定哪些征税对象是合适的，哪些根本无法征，或者无法计算、很容易被规避等。况且，人民总是倾向于站在各州一边，或者说，各州对人们的影响更大，因此，不会因为联邦征税，各州就受到严重的影响或者被摧毁。

在汉密尔顿看来，就间接税而言，联邦只需要避免那些州已经征过税的对象就可以了，而这只需要通过学习和了解各州的税法就可以完成。也就是说，联邦的议员和征税官只要看一看各州征了哪些税，效果如何，然后在此基础之上，尽量避免重复征税，就能避免对各州产生不利影响。而对于直接税，尤其是土地税的征收，无非是选择一些评估专家，规定这些人的产生办法，确定他们的人数和资格条件，界定他们的权力和职责等。如果州的立法机关能够胜任，有能力征收土地税，那有什么理由认为联邦政府没有能力做到这一点呢？州政府能做到的，联邦政府也能做到。他指出，光是在理论上反对不行，要让联邦政府去试验，试验之后我们才知道是否合理，发现不合理的地方，及时纠正。再退一步，假如联邦政府征收的税不合理，它还可以放弃，可以退回到以前曾经使用的向各州摊派的方式，这个时候，各州可能就不再有动力拒绝缴纳了，因为它知道，联邦政府拥有独立的征税权，如果各州没有贡献它们各自的配额，联邦政府可以亲自征税。

汉密尔顿认为，没有理由担心联邦的税法会干预各州的税法，或者跟各州的税法发生冲突和抵触。州和联邦会对一些征税的对象互相保持克制，也就是说，如果州对某种东西征了税，联邦就会尽量回避这种税，即使它想征，可能也征不了多少，没准还会遇到抵触。双方都需要在一定程度上保持克制，否则，征不到税会直接影响自己的财政收入，影响征税权行使。联邦政府和州政府谁也控制不了谁，互相克制是可以预见的。如果一个能控制另一个就比较麻烦了，无论是联邦政府能控制州政府，还是反过来，另一个政府都很难有存在的余地。一旦各州将因独立战争而欠下的债务还清，它们便不再需要太多的税收，少量的土地税也许就可以满足它们的需要。

还有人说，既然联邦和各州政府都可以征税，就需要两套征税人马，工作人员数量会非常庞大，而这对民众而言也是一个负担。汉密尔顿说，其实，我们不会出现两套征税人马。对于只有联邦政府可以征的关税，各州政府不需要安排人员；还有一些联邦征的税种，可能各州也不会去征。在其他一些情况下，联邦政府或者避免从各州的征税对象中征，或者利用州的征税人员即可。所以，并不会出现人们担心的两套征税人马，不会有庞大的征税机构。

汉密尔顿指出，有些人提出的由于联邦和各州都可以征税，纳税人的负担会变得更重的观点，也是站不住脚的。对于联邦的需要，只有两种方式可以满足，要么由联邦直接征税，要么先由各州征税，再交给联邦。无论哪一种情况，人民所支付的税收总额是一样的，并没有变化。有了联邦政府，看上去多了一个征税机构，但是，如果没有联邦的话，州征的税就会更多。因为原先的州要提供国防服务，而国防服务是需要征税的，有了联邦之后，只是把各州原先课征的一些税转移到了联邦手里，由联邦来征收，实际上，总的征税数额并没有增加。比如，原先一个纳税人交一百块钱给州，现在变成了交七十块钱给州，三十块钱给联邦，只是一个数字转移，并没有加重纳税人的负担。而且，由联邦对一些资源征税，可能还会使这些资源的利用得到更大程度的改善，因为联邦会更加关心征税方式的选择和安排，会更加审慎，更加明智。

最后，一些反对新宪法的人指出，它没有禁止联邦政府征收人头税。人头税就是根据人口征收的税，任何人都得交，通常是定额的。历史上，人头税的名声不太好，很多人反感它，认为它加重了穷人的负担，而且，它经常与投票权捆绑在一起，不交人头税就不能投票。所以，1787 年制定联邦宪法时，很多人担心联邦政府会征收这种税。汉密尔顿说，虽然宪法里没有禁止国会有征收人头税的权力，但这不意味着，它一定会行使这种权力征收这种税。各州不是也拥有征人头税的权力吗？每个州都没有禁止州政府征收人头税，但也没见它们征过。他说他本人对税收也很反感，但是，联邦应该拥有征收人头税的权力：我们不知道未来会发生什么，万一出现战争，出现财政短缺的紧急情况，征收人头税就是联邦政府的一个选择。也许存在某个关键时刻，联邦政府没有别的选择，只能征人头税。如果因为我们限制了它，导致了灾难的发生，谁来承担责任？我们希望和平，但不能排除其他国家会侵略我们。所以，我们不应该把国会征人头税的权力剥夺掉，正如州政府也保留着一样。它拥有这种权力，并不意味着它随时都会行使这种权力，一般情况下，它不会使用。联邦的征税对象本来就十分有限，其征税的自由裁量权不应该受到不当的限制或者被剥夺，应该让国会自己决定征哪些，不征哪些，如果它征了一些令人反感的税，结果可能是完全征不上来，其意图会遭到挫败，为此，它会审慎地考虑该征哪些税，不该征哪些税。

第六章　为何说美国宪法建立了一个名副其实的共和国？

如果我们寻找一个界定标准——针对不同政体形式所据以确立的原则，我们可以把共和国——或者，至少有共和国之名的地方——定义为，一个所有权力都直接或者间接来自于绝大多数人民的政体，它由乐意担任公职的人在一定任期内或者在品行端正的情况下进行管理。

——麦迪逊（《联邦党人文集》第三十九篇）

1787 年宪法不完美，但比《邦联条例》强得多

1787 年制宪时，很多人对新宪法吹毛求疵，认为它在很多方面不够完善。麦迪逊则说，明智的人都不会期望或者追求一部完美的宪法，事实上，根本不存在完美的宪法，因为人是不完美的，人是会犯错误的，不可能制定出完美的宪法来。反对新宪法的人本身也有缺陷，不要把自己当成是完美的。对待新宪法的正确态度，应该是把握它的主要原则或根本性的问题，看看在这些问题上有没有偏差、错误，而不是在鸡蛋里挑骨头。

麦迪逊指出，不管是反对新宪法的人，还是支持新宪法的人，都同意现在的邦联存在严重缺陷，建立在错误原则基础之上，必须得改变。人们不能达成一致的地方是怎么改变，朝什么方向改变。在这种情况下，制宪会议所能做的就是研究历史上那些邦联的经验教训，以及我们自己过去的历史，避免以前犯过的错误，设计一个基本架构，等未来的经验积累下来，再对其中的错误进行纠正。

制宪会议所面临的难题之一是，如何设计一个既有稳定性和活力，又能保护自由并符合共和原则的政府。这的确不是一件容易的事。政府的活力对于防止内外的冲突和危险，对于快速高效地执行法律，是十分必要的。同时，政府的稳定性也很关键，否则，人民就会对政府

缺乏信心；法律的朝令夕改本身就是一件糟糕的事情，人民也不会对一个不断变化、充满不确定性的政府感到满意。当然，比较而言，将自由的原则糅合进去就更加不易。共和自由（republican liberty）的精神在于，一方面要求所有权力都来自于人民，另一方面要求那些权力受托人在其任职期间依赖于人民，甚至在这短暂的任职期间，权力也不应该委托给太少的人，而应委托给很多人，意思就是，应同时由多个人行使权力，比如，国会应由几十人甚至上百人组成，法官不止一个等。但是，政府的稳定性又要求权力受托人不能任期太短，不能像走马灯一样变化太快，因为他们的经常性变化意味着选民要经常选举，意味着政策措施经常变化，而政府的活力不仅要求任职的持续性，而且要求法律的执行保持稳定。可以看出，要平衡这么多目标和价值是一件十分艰难的事情。

在麦迪逊看来，制宪会议面临的另一个难题是，如何在联邦政府和各州政府之间适当地划分权力，找到一个适当的分界点。即使是最有洞察力的哲学家也无法准确找到这个分界点，人类尚没有能力解决这个问题。哪些权力归属联邦，哪些归属各州，并不是看上去那么简单。有一些问题显然属于联邦，有一些问题则属于州，还有一些处于中间地带，这些问题相当复杂，需要审慎地考虑，需要经验的积累，不可能在宪法上写得非常清晰，很难做到这一点。

托克维尔也曾讨论过这个问题，他提到，对公民身份、公民政治权利的规定，到底应该归联邦还是各州，不是那么容易区分的。比如说，在美国早期历史上，确定公民身份的权力是在各州手里。当时，一方面是共和政体，另一方面还有奴隶制，南方各州有权力决定给不给黑人公民身份。他指出，如果这种规定公民身份、公民权利的管辖权在州手里，州就会占上风；如果在联邦的手里，联邦就会占上风。

我们看美国的历史会发现情况也确实是如此。美国内战前，这种权力在州手里，所以州占上风，而内战后它转移到联邦手里，联邦就占了上风。此后，联邦宪法上的个人权利内容统统可以适用于各州，而之前是不可以的，这大大改变了联邦和州之间的力量对比。我们看到，内战之后，联邦的权力不断扩大，以至于到今天这样，跟二者之间管辖权的变化是有关系的。

麦迪逊说，经验表明，即使是立法、行政、司法机关之间的权力划分，甚至不同立法部门之间的权力范围，现在的政治学也没有能力精确地界定。在法律领域，模糊性始终是一大难题，若干世纪的经验，再加上最有智慧的立法者和法律家的努力，也无法成功地界定不同法律和不同法庭的目标和范围。比如，在英国历史上，到底哪些属于普通法领域，哪些属于制定法领域，哪些属于教会法领域，哪些属于海洋法领域，哪些属于公司法领域等，到现在也还没完全弄清楚，一直存在着模糊的边界，长期以来不断在流变。

这一方面是由于语言本身具有模糊性，比如，宪法上规定国会不能制定法律侵犯公民的言论自由、宗教自由等，但什么是言论自由、宗教自由，宪法上并没有说，该如何界定它们，取决于法院的解释，取决于大量的判例，要根据特定的场景、具体的情形等去分析、去判断，很难找到一个明确的标准，或者下一个准确的定义。再比如，奴隶到底算人还是算财产，当时是存在争议的。有人认为他们应该算人，有人认为他们更像财产。美国北方和南方在把奴隶当人还是财产的看法上完全不同，各自有各自的打算。这些因素都给新宪法的制定带来了困难。

麦迪逊还指出，制宪时遭遇模糊性的一个重要原因是人类的认知能力有限，或者说，有局限性。这种看法在当时是比较先进的，今天的心理学、认知科学、经济学等都很关注认知能力这类问题。我们每个人的知识和理性都是有限度的，不可能认识到所有问题。这就是今天的理论家们经常谈论的"有限理性"问题，也是哈耶克强调的人的无知问题。而且，造成模糊性的原因，还跟我们的思想不充分有关，比如，我们使用的概念不准确、理论有缺陷等。这些都导致在制定宪法的时候，很多内容不可避免地存在着模糊性，无法界定得那么准确。

麦迪逊的意思是，因为我们自身有局限性，即使让那些反对新宪法的人来制宪，也不可能制定出完美的、没有模糊性的宪法来。他说，我们需要妥协，大州、小州之间，南、北之间，都需要妥协，都需要认可新宪法。如果每个人都坚持自己的看法，这部宪法不可能制定出来，制宪会议可能根本无法召开。我们必须坚持一些原则性的东西，但也要放弃一些次要的东西，我们肯定要有所妥协，有所放弃。

在麦迪逊看来，通过审慎和同意的方式来确立一个政府的做法，虽然历史上也曾出现过，但它们都是由一些智慧超群、德高望重的个人完成的。无论是古希腊还是古罗马的立法者，都是凭借其个人的智慧和德行为自己的国家立了法，成了这个国家的开明统治者。但是，美国人这一次是人类历史上第一次，一群人聚在一起，通过开会、协商、表决的方式，共同制定宪法。就这一点来说，美国制宪具有开创性的意义：以前的立宪是一个人的努力，而我们的宪法是一群人的成果。从确定新宪法的方法上讲，这本身就是一个伟大的创举，或者，用托克维尔的话讲，这是一个伟大的试验。当时，美国"国父"们也不知道这部宪法能持续多久，它所塑造的共和国能够持续到现在，而且自由和繁荣。他们进行了一个大胆的尝试，尽了自己最大的努力，把群体的智慧发挥到了极致。麦迪逊说，大家要充分理解这种开创性的尝试，充分理解这种前无古人的努力，充分理解制宪会议上大家遇到的种种困难和挑战。

麦迪逊指出，反对新宪法的人，意见各种各样，相互之间甚至自相矛盾，没有具体的理由，或者缺乏说服力。有些人反对这部新宪法，是因为它所建立的政府，不是州之间的联合，而是建立在个人基础之上的。和邦联时代的宪法相比，新宪法最大的改变之一就是，它不再是州之间的联合，而是直接建立在个人基础之上。如果要批评这一点，它确实如此，问题是，这就是我们需要改变的，否则，我们没必要制定新宪法，直接停留在邦联时代就好了。

还有一些人虽然支持它成为一个建立在个人基础之上的政府，但他们认为，不应该像新宪法所规定的那样，给联邦政府那么大的权力和活动范围。可以看出，这种反对意见跟前一种存在矛盾，一个反对联邦政府建立在个人基础之上，一个支持联邦政府建立在个人基础之上。

也有一些人反对新宪法，是由于它没有"权利法案"。当时，它确实没有，现在的《权利法案》是 1791 年通过的。当时，最著名的反对新宪法的人物之一乔治·梅森说，宪法里面没有规定个人的基本权利和自由，这是个严重缺陷。因此，他拒绝在宪法上签字。他博学多识，据说，当华盛顿遇到一些问题无法解决时，经常会骑马到他家请教，他们的庄园离得很近。另一些反对新宪法的人则认为，新宪法应该规定"权利法案"，但是，它不应该列举个人的权利，而应该列举保留给各州的权利。还有人说，"权利法案"纯属多余，但联邦政府有权力规定选举的时间和地点不可取。

还有一种反对意见认为，参议院中的平等代表制是不合理的。众所周知，根据新宪法，参议院中每个州都有两名代表，各州是平等的。这种反对意见主要来自大州。也有人反对众议院的比例代表制，认为不应该根据人口多少来产生众议院议员。这种反对意见主要来自小州。

总而言之，针对新宪法，各种各样的反对意见都有，它们之间普遍存在相互冲突、相互矛盾之处。

麦迪逊说，新宪法虽然有很多缺陷，不是完美的，但是，它在很多方面比现在的《邦联条例》要强得多，《邦联条例》的问题远远严重于新宪法。反对新政府征税权的人说，联邦政府的征税权不受限制，问题是，邦联时代的国会不也同样享有不受限制的权力吗？而且，它征税的方式更不合理。反对联邦政府招募军队权力的人说，联邦政府的这种权力不受限制，问题是，邦联国会不也同样享有不受限制的权力吗？而且，它的招募方式更不合理。反对者认为新宪法将不同的权力混在一起，赋予同一个机构，是一件危险的事情。问题是，邦联国会不也是拥有全部的权力吗？邦联没有行政机关和司法机关，所有权力都在邦联国会手里，不是更可怕、更糟糕吗？那些反对新宪法将掌握财政和军队的权力赋予同一个机构的人，难道没有认识到，邦联国会不是也同样拥有这两种权力吗？那些认为新宪法没有"权利法案"而不支持它的人，难道没有注意到，《邦联条例》不是同样没有"权利法案"吗？那些反对新宪法中规定参议院和总统共同订立条约的人忘记了，邦联国会自己就可以订立条约，而且大多数州也承认这些条约就是最高的法律。那些反对新宪法允许奴隶贸易存在二十年的人忘记了，《邦联条例》允许永远可以进行奴隶贸易。综合比较来看，新宪法要比《邦联条例》完美得多。

为何说 1787 年宪法建立了一个名副其实的共和国？

1787 年立宪时，一些人质疑新宪法是否与共和原则相一致。麦迪逊说，它是严格符合共和精神的。他首先指出，美国人的精神、美国革命的基本原则，以及美国人对自由的热爱，使得他们只可能将所有的政治试验建立在人类的自治能力基础之上。这意味着，人们具有自治的能力，每个人都能够并且应当成为自己的主人，不能由一些人统治另一些人。只有共和政体才能满足这样的要求，而新宪法构建的就是这样的政体。

那么，到底什么是一个共和政体？什么是一个共和国呢？历史上对共和的理解众说纷纭、莫衷一是，一些君主政体、绝对主义体制也被称为共和国。麦迪逊指出，共和国必须满足两个条件：一是政府的所有权力来自人民；二是政府官员由人民选举或任命，且有任期限制，或者，只有品行端正者才可终身任职。从这两个条件出发，就可以判断一个政体到底是一个共和国，还是一个君主国，是一个民治政体，还是一个专制政体。

"共和国"（republic）的概念起源于古罗马（*res publica*），其本意是，国家事务乃公共事务，不是一个人、一家人或一小撮人的事务。既然是公共事务，每个人都有权利参与其中，每个人都是公共事务的主人。因此，所有的权力必须来自人民。这就是天下为公。天下是所有人的天下，不是一个人或一小撮人的天下。这是其第一层含义。

共和的第二层含义是拥有权力的人，即政府官员，由人民选举或任命产生，或者说，他们的权力来自人民的授权。在共和政体下，虽然所有权力都属于人民，但不可能让所有人都去行使权力，必然要把管理公共事务的权力委托给一部分人，而这些人必须是通过选举或任命产生的，他们的权力必须来自人民的委托。而且，拥有权力的人必须是有任期的，不能永远当官，那跟世袭制就没有区别了。因为这种任期制的存在，当他们干得不好，或者背离了委托人意志的时候，人民就可以让他们下台，让他们失去权力。这迫使他们必须对人民负责。这也意味着，共和政体下的政府是建立在人民同意基础之上的，没有人民的同意，其统治就没有合法性。这构成了共和政体的本质。

麦迪逊说，我们可以看看美国新宪法所构建的政体，看它是否符合共和原理。首先，这个政体的权力来自于美国人民，宪法如果不经过人民的批准，根本无法生效。其次，政体中的几乎每一个官员、每一个部门，都是由人民选举产生的，无论是国会两院的议员，还是总统。虽然法官不是选举产生的，但他们是由总统提名、国会批准的，可以说是间接地来自人民的意志。而且，由于法官职业的特殊性，他们需要终身任职，没有终身任职，司法独立很难保证，即使终身任职也需要满足一个条件——任职期间必须品行端正。

麦迪逊还指出，新宪法中其他一些规定也表明它符合共和精神。比如，宪法绝对禁止联邦或是州政府授予任何人贵族头衔。在君主制国家或贵族制国家，政府是可以授爵的。但是，新宪法不承认身份地位的等级差别，禁止授予爵位。还有，新宪法规定，联邦政府必须确保各州是共和国。如果哪个州想变成君主国，不是产生一个州长，而是产生一个国王，那么，联邦政府和其他州就可以进行干预，因为它背离了共和的本质。

反对新宪法的人还提出，新宪法让美国从邦联政体走向了单一制政体、大一统政体、中央集权政体，这是他们无法接受的，并且，这种改变缺乏合法性。麦迪逊从五个方面进行了反驳，他指出新宪法并没有建立一个单一制或中央集权制政体，而是建立了一个兼具邦联性和单一性的联邦政体。第一，从确立政府的基础来讲，政府是邦联性的，而非单一性的。新宪法是建立在美利坚人民同意和批准的基础之上的，并且是通过为了特殊的目的而选举的代表来实现的。也就是说，美国批准宪法的过程是通过专门选举召开制宪会议的代表来完成的，而不是由国会里的普通代表来完成的。他们的任务是批准或者不批准这部宪法，一旦完成了这项任务，他们就解散了。这是项专门任务，就是为了反映人民的意志。

同时，人民的同意和批准不是作为整个国家的个人，而是作为各个独立自主的州的公民来完成的。也就是说，在批准新宪法的时候，每个州的公民选举代表在本州召开制宪会议，决定是否批准这部新宪法，而不是整个国家的公民一起决定批准或是不批准它。可见，批准的过程是由各州分别完成的，每个州的公民有权决定是否批准这部宪法，并且，这部宪法的批准是由四分之三的州同意才在批准的州里生效。如果是在一个单一制国家，就不会通过这种方式来批准宪法，不会经过四分之三的省的多数同意，而是由全国范围内的多数进行批准。这表明，宪法的批准具有邦联性质。

同时，各州对新宪法的同意和批准权均来自人民，本州的人民才是最高权力的拥有者。州政府无权决定，州立法机关也无权决定，而是由本州人民来决定。在批准新宪法的时候，各州是完全的主权者，完全自愿决定是否批准这部宪法，它们可以不批准，可以不加入联邦。这部宪法最初在批准的时候，只在那些批准的州里生效，没批准的州一开始是不生效的，它们可以自愿选择是否加入。当已经有九个州批准的时候，它就在那九个州里生效了，后来，其他四个州也很快批准了，所以在十三个州都生效了。总之，制定和批准新宪法的行为，不是全国性的行为，不是一个中央集权国家采取的方式，而是一个邦联性的行为。

第二，从政府的一般性权力来源上看，新宪法既带有邦联性，也带有单一性。首先，就众议院的权力来源而言，它根据合众国的人口来产生代表，正如在各州一样，这种权力的来源具有单一性，或者说，像一个单一制政府，而非邦联制政府。但是，再看看参议院，情形就反过来了，它是按照平等代表制产生议员，所以，它的权力来源又不关心人口的多少，而这跟单一制国家完全不一样，又变成了邦联制。再看看总统的权力来源，既有邦联性，又有单一性：一方面，总统的选举要经过选举人团，而选举人团的人数等于各州参、众两院的议员总数；众议院和参议院，一个代表了单一性，一个代表了邦联性，总统的产生也同时具有这两种性质。

第三，从政府权力的运作方式上看，联邦政府更像一个单一性的政府，因为联邦政府直接统治公民个人，而原来的邦联政府的统治对象是各州。

第四，从权力的范围角度考虑，联邦政府是基于特定的目的组织起来的，联邦政府和各州各自享有一部分主权，联邦的权力是列举式的、有限的，而剩余的权力都归各州享有。联邦和各州之间互不隶属，各州并不是隶属联邦的，反过来，联邦也不隶属于各州，或者说，它们在各自的管辖权范围内都是主权者，都拥有最高权力。从这一点上看，这个新政体更多地带有邦联性质，或者说，更像一个邦联。

值得强调的是，当联邦政府和州政府因为管辖权发生纠纷时，要由联邦法院来裁决，而不是由州的法院来裁决。但这并没有改变政府的联邦性质。不少人担心，当双方发生争议时，由联邦法院来裁决，它肯定会站在联邦政府一边，对州政府不利。麦迪逊指出，这种担心是多余的，因为联邦法院的裁决必须根据联邦宪法上对二者权力的划分来裁决，不能因为想让联邦政府拥有更多权力就可以随意解释宪法。这样的安排对于防止联邦和州之间动武以及防止联邦的解体是必需的。假如把这个权力交给州的法院，它很可能做出有利于州的裁决，因为州法院不会依据联邦宪法，它只会依据本州的宪法进行裁决，州的宪法很少会从整个联邦的角度来考虑问题，这样的话，联邦和州之间的冲突几乎不可避免，有可能导致整个联邦的解体。

最后，从宪法修正案的角度看，新政府既非完全单一性的，也非完全邦联性的，而是二者兼具。如果说新政体是单一制的，那么，宪法修改的权力应该掌握在整个国家、整个联邦的多数人民手里，应该经过全国人民多数的同意。如果新政府完全是邦联制的，这部宪法的修改就应该要求每个州都同意。当年的《邦联条例》，必须要经过每个州的同意，只要有一个州不同意，它的制定和修改都无法进行。但是，新宪法的修改方式不是上面任何一种，它实行州同意的方式，但又没有要求所有的州同意，只要四分之三的州同意即可。如果要求所有的州都同意，就变成一种邦联了，而要求四分之三的州同意形成的是一种联邦，这样，某个州不同意就不能成为阻止宪法修改的理由。

总而言之，从这五个方面看，1787 年宪法既不是一部邦联宪法，也不是一部单一制宪法，而是既带有邦联特性也带有单一制特性的宪法，是一部真正的联邦宪法。它所建立的政体是一个联邦共和国、一个复合共和国，而这在人类历史上是从未有过的，堪称一个创举。

1787 年制宪会议具有合法性吗？

1787 年宪法出炉后，一些人认为这部宪法没有合法性。在他们看来，召开费城制宪会议的目的是修改《邦联条例》，结果参加大会的代表炮制出了一部新宪法，超越了他们的权限，因而，新宪法没有合法性，他们不接受。麦迪逊反驳说，从 1786 年安那波利斯会议和 1787 年 2 月邦联国会的决议看，1787 年费城制宪会议的目的是建立一个有活力的全国性政府，它应当能够充分满足政府的紧急需要并保存联邦。为了实现这样的目的，可以修改或增加《邦联条例》的内容，或者制定进一步的必要条款，并将这些修改和新的条款报告给邦联国会和各州，以获得前者的同意和后者的认可。

到底该如何解释这样的决议和目的？麦迪逊指出，在解释会议决议的时候，到底是应该以目的为重，还是以手段为重？为了目的应该牺牲手段吗？还是为了手段而牺牲目的呢？我们该如何选择？无论是修改旧宪法，还是制定一部新宪法，在麦迪逊看来，都只是一种手段。他说，我们开会的目的是维持这个联邦，建立一个有活力的政府。明确了这一点，我们解释这个会议决议的时候就不应该拘泥于它的文字，一部分文字确实说要修改这个《邦联条例》，但另一部分也说要建立一个有活力的政府，要维持联邦的存在。

他提出来两个解释规则，一个是决议里面每一部分都有它的意义，它们共同指向一个目的。反对者不应该只拿一部分说事儿，不应该揪住里面某句话不放。如果《邦联条例》只能修改，除此之外什么都不能做，那就忽略了决议的另一部分内容。我们应该综合起来解释它们，来理解决议。我们为了目的是可以牺牲手段的，而不能为了手段牺牲目的，因为目的是更根本、更重要的。根据这样的解释规则，不应该对那个决议望文生义，简单化地理解字面的意思，而应该为了它们所追求的目的，做我们能做的事情。

麦迪逊接着说，从另一个角度讲，制宪会议的权力不过是一种顾问性的、推荐性的权力。虽然它的名字叫制宪会议，事实上，它只是起草了宪法，是否生效，取决于各州人民的批准，制宪会议并没有把这部宪法强加在人民头上，四分之三的州同意后它才能生效。从这个意义上讲，这部宪法不是强加性的，而是推荐性的。所以，讨论它的合法性是没有意义的。那些反对它的人揪着合法性不放，其实是打错了靶子。除非一个人不想生活在一个更有活力的政府下，除非一个人认为这部宪法不需要经过人民的批准，否则，没有理由去质疑新宪法的合法性。

还有人认为，新宪法的生效要求四分之三的州而非所有的州同意，是有问题的。但麦迪逊说，如果要求所有的州都同意，那么，只要有一个州拒绝这部宪法，它就无法生效，这就导致了一个州就可以决定其余十二州的命运，少数人可以决定多数人的命运，或者说，少数人统治多数人。这恐怕不是大家想要的。

麦迪逊指出，新宪法是否合理，以及是否能够促进美国人民的福祉，我们应该看它的制度设计，尤其是看它赋予联邦政府的权力。有人认为新宪法赋予联邦政府的权力太大了，太多了，太宽泛了。麦迪逊首先考察了这些权力到底是不是必需且适当的；其次，他考察了授予联邦的这些权力对州是不是构成了威胁。在任何一种政治制度中，促进公共福祉的权力都包含着可能被误用和滥用的自由裁量权，这是无法避免的，所以，在赋予政府权力时，首先需要考虑这种权力对公共利益是不是必要的。如果这种权力是必要的，那么，如何有效地防止它被滥用，这是设立一个新政府首先要考虑的任务。

从内容上看，新宪法赋予了联邦政府六大类权力：第一类是国防权，或者叫抵御外来入侵的权力；第二类是外交权力；第三类是维持各州之间和平与安宁的权力，或者叫，维持内部秩序的权力；第四类是对于整个社会的公共利益有价值或者有必要的权力；第五类是禁止各州特定有害行为的权力；第六类是确保上述权力能够得到有效行使的权力。

就第一类权力而言，比如，宣战、招募军队的权力是不是必需的？没有人会认为这些权力对于自卫来说不是必需的，因为我们的政府只有能够自保，才能存在下去，大家都不会反对我们把这类权力赋予联邦政府。麦迪逊也提到了此前汉密尔顿讨论过的常备军问题。他说，常备军确实很危险，但是，它又是必需的，是无法避免的。除非我们能够确保其他国家永远不侵犯我们，否则，我们不得不需要一支常备军，并且，宪法上已经明确规定，国会对常备军的财政支持只有两年的期限。这一点，无论是跟英国还是跟其他国家相比，我们有更多的审慎在里面，它更有可能受到限制。

第二类外交权包括：联邦政府可以签订条约，任命大使、领事，处罚公海上的犯罪行为，管理对外贸易，包括 1808 年之后禁止进口奴隶等。对外签订条约、任命大使等权力的必要性，没人质疑。对于奴隶制的问题，麦迪逊说，奴隶制违反了人性，不幸的非洲人应该和欧洲人一样是平等的。众所周知，1787 年宪法没有废除奴隶制，而且，麦迪逊以及当时的很多"国父"都拥有奴隶，但是，从内心来讲他是不赞成奴隶制的，他认为，早晚有一天奴隶制的问题要得到解决，只是现在时机还不成熟，如果现在要急于解决它，联邦肯定成立不了，因为南北之间的分歧非常大。麦迪逊在理念上是不接受奴隶制的，他只是为了维持当时的联邦而不得不妥协。

第三类联邦政府的权力涉及维持各州之间和平共处的问题，防止它们之间发生冲突。比如，州与州之间的贸易要由联邦政府来管理，即管理州际贸易的权力。还有，全国范围内的度量衡由联邦政府规制，印刷、发行货币，也由联邦政府负责，而不是由各个州掌管。此外，决定移民政策或制定归化法律，即决定什么样的人、符合什么样的条件可以成为美国公民等，也由联邦政府来管辖。这些权力交给联邦也不存在太大的争议。

第四类联邦政府的权力，笼统地说，是那些有利于整个社会公共利益的，比如，联邦有权制定涉及著作权、专利权方面的法律，有权宣布对叛国罪的惩罚，有权承认新州加入联邦，以及确保各州是一个共和政体等。不少人认为，联邦宪法里关于专利权、版权的条文对美国过去两百年的诸多重大发明和发现有很大贡献。美国人之所以热衷申请专利，很多人一辈子发明了几百个专利，原因之一就在于宪法上有专门的保护专利权、版权的内容。联邦确保各州是共和政体的权力也很重要，因为这可以防止各州变成君主政体，确保它们建立的是一个名副其实的共和国，是一个复合共和国。而且，如果某个州或某些州放弃了共和政体，很容易导致联邦内部的冲突甚至分裂，不同性质的政体很难共存于一个联邦之中。

第五类联邦政府的权力涉及对州权力的一些限制，包括禁止各州同其他国家签订条约、建立联盟或者成立邦联，禁止各州发行货币，禁止各州侵害契约义务，禁止各州制定溯及既往的法律等。还有，不经国会同意，任何一个州都不得征收进出口关税，除非为了执行其检验法而绝对必要，并且，征收来的钱应该上缴美国国库。这些规定都在一定程度上限制了州的权力，同时也确保了联邦的统一市场等。

第六类联邦政府的权力是联邦有权制定法律以实现前述的各项权力，也就是说，它有权制定所有必需且适当的法律以落实它的那些具体的权力。这一权力被认为是用来扩张联邦政府权力的有力武器，因为如何解释"必需且适当"向来是一个难题，没有具体和明确的标准，常常是公说公有理，婆说婆有理。二十世纪以来，联邦政府经常利用这一条款为自己权力的扩张开路，遭到了很多人的批评。

　　新宪法中还有一个条款，规定本宪法以及根据本宪法制定的所有联邦法律、签订的所有条约都是本联邦的最高法律。一些反对者认为，这是不能接受的。麦迪逊说，之所以把这些称为最高的法律，是因为宪法毫无疑问是最高的，而根据宪法制定的法律，是整个联邦的法律，适用于所有地方，也只能被认为是最高的。当然，这些联邦法律必须是在不违背联邦宪法的前提下才是最高的。实际上，各州的法律在本州也是最高的，只要不违反联邦宪法。既然各州同意了联邦宪法以及据此制定的法律，它们在各州当然是最高的。

　　接着，麦迪逊又从反面进行了说明。他说，如果我们不认为联邦的宪法和法律具有最高性，而认为各州的宪法和法律具有最高性的话，这会导致一些很难让人接受的后果。首先，因为各州的宪法都赋予了本州的立法机关拥有绝对主权，也就是说在各州里面，州宪法承认本州的议会拥有最高权力，那么，新宪法中的所有权力都有可能被宣告无效。因为各州议会在本州拥有绝对主权，它要制定一部法律宣布联邦权力无效，联邦没有任何办法来对抗。如此，新国会和邦联时代的国会就没什么区别了，就会被各州彻底挫败。其次，因为一些州的宪法中根本没有明确而充分地承认邦联现在拥有的权力，相反，它们明确地保留了州宪法的至高无上性，而这将会让新宪法的每一项权力都受到质疑。原先的一些州宪法里没有明确地承认邦联，邦联的存在只是一个默认的结果。再次，因为各州宪法之间差别很大，如果保留了一些州宪法的至高无上性，可能会导致国际条约或联邦的法律在一些州是有效的，而在另一些州是无效的。所以，不可能让任何一个州的宪法和法律是至高无上的，否则，会带来很多无法解决的冲突和矛盾，会摧毁联邦的政治架构。

1787 年宪法赋予联邦的权力对各州构成威胁了吗？

一些反对 1787 年宪法的人认为，联邦政府的权力对各州政府构成了威胁。在他们看来，根据新宪法，州的地位可能很难保得住，州的主权很容易被侵犯。但麦迪逊认为，各州政府和联邦政府比起来，前者更占优势，没必要担心联邦会威胁到州的权力。

第一，从联邦和各州相互依赖的角度说，联邦对各州的依赖更大，没有州，联邦是无法存在的，但是没有联邦，州仍可以存在。麦迪逊指出，州政府是联邦政府的组成部分，对后者来说至关重要，没有这些部分，整体就无法存在，所以，联邦政府的运作在很大程度上必须依赖于各州政府，而州政府的运作是不需要依赖联邦政府的。

譬如，如果没有州立法机关的配合，联邦总统根本选不出来，因为必须得由各州的立法机关来决定选举人团。再如，参议院完全是由各州议会选举产生的，如果州议会不选举两名参议员，就无法组成参议院。虽然众议员是由人民选举的，但他们要想成为联邦众议院的一员，也一定会受到州议会的影响。由此可知，联邦政府这三个机构的产生都得指望州政府，而州政府各个部门的产生则完全不受联邦的直接影响。州长的产生跟联邦一点关系都没有，州议会的选举也不受联邦政府的影响。所以麦迪逊才说，联邦的存在要依赖于州，而州则不需要依赖于联邦，州占有更大的优势。

第二，从政府雇员的角度讲，联邦的影响力也不如州。各州政府的雇员加起来远远多于联邦政府的雇员，他们在日常的政治生活中发挥着重要作用。联邦政府和各州政府比起来，雇员少得可怜，一个总统，几十个议员，再加上最高法院的几个大法官，加起来也就百八十人，对整个社会和人民的影响，跟各州政府根本无法相提并论。

第三，从管辖权的范围上讲，宪法授予联邦的权力不仅少，而且是明确界定的，而保留给州的权力不仅多，还是没有明确限定的。联邦的管辖对象主要是对外的，尤其是战争、和平、谈判、对外贸易，而州的权力涵盖日常生活中的方方面面，涉及人民的生命、自由、财产、州内的秩序、州内的改良、州的繁荣等。联邦政府管辖的基本上是全国范围内的事情，而各州管理的是跟老百姓日常生活最密切相关的事务，它的权力范围是十分广泛的。

麦迪逊说，在战争时期或危机时期，联邦政府可能占优势，可能更重要，但在和平时期，州政府会占优势。常识告诉我们，大部分时候都是和平时期，战争时期是非常少的，因此，州政府的优势是毫无疑问的。而且，联邦政府在国防方面做得越好，它自己就越没事儿干。只要不打仗，只要没有入侵，州与州之间没有纷争和冲突，联邦政府通常是派不上用场的。

麦迪逊还强调指出，新宪法并没有给联邦政府增加什么新的权力，不过是将邦联时代邦联政府本来就拥有的权力加强、巩固了一下，或者说，它的权力的一些行使方式、权力的对象发生了变化。比如，征税的权力，原来的邦联也有，只是那个时候是对各州征税，而现在的联邦则是对每个个人征税。不是说联邦政府的权力更多了，而是它的行使对象、行使方式发生了变化，所以更加强有力了，更能落实和奏效了。

第四，从人民的倾向和支持上看，也是各州占上风。麦迪逊指出，联邦政府和州政府不过是人民的不同的代理人和受托人而已，从性质上讲没有区别，因为联邦政府的权力和各州政府的权力都来自人民，它们都是人民的受托人，区别只是在于，它们拥有不同的权力，为了不同的目的而行使这些权力，但无论如何，最终的权力仍然掌握在人民手里，人民倒向哪一方，哪一方就占优势。每个人都生活在一个特定的地方，生活在一个乡镇、一个县、一个州里，对自己地方上的情感当然要超过联邦。

如果将来有一天，人民对联邦政府更加偏爱的话，也只能是因为联邦政府做得更好，管理得更加出色，其表现超过了各州政府。但即便如此，州政府也没必要太担心，因为联邦政府的管辖范围有限，它管理的事务非常少，不必担心它会从整体上超过州政府。

第五，从联邦和州之间相互对抗和抵制的角度看，各州也是占上风的。在任何社会中，特别是在美国这样有着浓厚地方自治精神的社会里，地方精神在国会中非常盛行，一定会超过人们对联邦的热爱。国会议员都来自地方，来自各个州，甚至参议员完全是由各州的议会选出来的，当然会受制于自己的州，如果他不听本州议会的，下一次就当选不了。他们一定有强烈的地方精神和地方情感，他们到了国会，一定不会忘记自己的身份，他们仍然是州的代表，代表自己州的利益。

同时，各州的立法机关成员不可能对全国性的事务有任何感情，而联邦国会的议员则会对地方性的事务有感情。各州的议员一般不会关心战争、外交这些事务，因为跟他们太遥远了，但是国会里的议员可能会关心地方，因为他们都来自地方，甚至被认为是地方的代理人，而不是全国人民的代理人或整个国家的代理人。联邦国会的成员更容易成为各州的党徒，而不是普遍利益或整个联邦利益的公正保护人。所以，联邦政府中的地方精神渗透在每一个部分、每一个角落，联邦政府要想在和各州政府的相互抵制和对抗过程中取得优势地位是非常困难的。没有人跟联邦有任何直接的关联，联邦的存在被认为是一个例外，而州的存在才是原则。如此，到联邦政府服务的官员、政治家的情感和精神依然是地方性的。从这个意义上讲，如果有一天联邦和各州发生了冲突，产生了对抗，可以预料的结果是，各州会占上风，而不是联邦。

概而言之，那种认为联邦的权力会对州权构成威胁的看法是站不住脚的，无论从哪个角度看，州都占有优势地位。人们需要担心的，不是联邦政府权力太大，而是太弱，完不成人们交付的任务。毫无疑问，这种说法在美国建国初期是正确的，但美国内战之后，联邦和各州的力量对比发生了很大的变化，联邦的优势地位越来越明显，到了二十世纪，就更是如此了。

第七章 美国宪法为何要实行分权制衡?

> 防止三种权力逐步集中在同一个机关手里的办法,在于赋予每一个机关必要的宪法手段和个人动机,以抵制其他机关的侵犯。在此种情况下,就像在所有其他情况下一样,防御的措施必须和侵犯的危险程度相当。必须用野心对抗野心。
>
> ——麦迪逊(《联邦党人文集》第五十一篇)

分权制衡意味着什么？

美国宪法的基本特征之一就是确立了三权分立的权力制衡架构，或者叫横向的分权。这具有开创性意义，在这之前，人类历史上没有任何国家曾经有意识地在宪法中确立三权分立。从思想史上看，洛克、孟德斯鸠比较早地提出了三权分立，但在那个时候，三权分立的观念还比较模糊，不像现代意义上的三权分立那么清晰。比如，洛克的三权分立包括立法权、行政权和联盟权，没有司法权，而联盟权不过是一种行政权。[①] 甚至到了孟德斯鸠的时候，他依然认为司法权微不足道，他说，司法权基本上可以忽略不计（next to nothing），因而把讨论的重点放在了立法权和行政权上。

孟德斯鸠的重要贡献在于他提出了分权制衡的基本理念，指出任何拥有权力的人都容易滥用权力，而对付权力滥用的根本办法就是用权力制约权力。他还分析了任何两种权力结合在一起或者三种权力合而为一的危险，强调指出，如果立法权和行政权掌握在一个机构或者一个人手里，造成的结果是，它将制定暴虐的法律并以暴虐的方式执行它们；如果立法权和司法权合而为一，则会出现法官同时是立法者

---

① Locke，John. 1947. *Two Treatises of Government*. Ed. Thomas Cook. New York：Hafner Publishing Company.

的局面，专断将无法避免；如果行政权与司法权结合在一起，则法官会以暴力方式适用法律；如果这三种权力掌握在同一个人或者同一个机构手里，它同时可以立法、执法和司法，则一切就都完了。①

三权分立思想的进一步发展和成熟，要等到美国 1787 年制定宪法的时候。在《联邦党人文集》中，麦迪逊一针见血地指出，立法权、行政权、司法权这三种权力如果掌握在一个人、少数人或者多数人手里，不管这个人、少数人、多数人是世袭的、自命的还是选举的，都可以恰当地说，这本身就是专制。在他看来，限制权力的最有效方式就是分权制衡——不同性质的权力分别由不同的部门或机构来行使，并且在这些不同的机构之间确立相互制约与平衡。

反对 1787 年宪法的人认为，它违反了孟德斯鸠提出的三权分立原则，因为美国宪法中三权之间不是完全分离的。麦迪逊则回答说，孟德斯鸠的三权分立理论是基于英国宪法提出来的，而从英国宪法的结构看，其立法、行政和司法三个部门之间，并非像很多人想象的那样，是完全分离的。反对新宪法的人认为，所谓三权分立，三权之间应该完全分离，它们之间不应该有任何瓜葛和关联。但麦迪逊说，这种看法错误地理解了英国宪法，从英国的宪法架构看，其三个部门之间不仅有关联，甚至在功能上还有一些交叉。比如，行政权在国王手里，但他也是立法权的一部分，即国王在议会中（king-in-parliament）；

---

① Montesquieu，Baron de. 1949. *The Spirit of the Laws*.（Two Volumes in one）Trans. Thomas Nugent. New York：Hafner Publishing Company. pp.151-152. 这里的译文参考了张雁深先生的中译本，特此致谢。见［法］孟德斯鸠《论法的精神》（上册），商务印书馆 1961 年版，第 156 页。

法官是由国王任命的，而且根据议会两院的建议，国王可以罢免法官。

麦迪逊还指出，当孟德斯鸠提出三权之间没有分立就没有自由可言时，并不意味着这三个机构之间不应该有任何的相互牵制。他的意思是说，如果一个政府部门的全部权力掌握在拥有另一个部门全部权力的人手里，自由宪政的根本原则将会被违反，或者说，如果一个部门同时拥有全部两种权力或者三种权力，则没有自由可言。孟德斯鸠的三权分立理论，并不是说这三种权力不能有任何的关联，而是说一个部门不能同时拥有两种全部的权力，不能同时既享有立法权又享有行政权，或者既享有立法权又享有司法权，或者三种权力同时拥有。这不意味着立法权不可以由两个部门分享，比如，议会行使主要的立法权，但国王可以享有否决权，可以否决议会立法，这也被理解成国王部分地享有立法权，这样的一种分享是为了牵制立法机构的权力，否则，它可以制定任何法律。麦迪逊说，三权分立恰恰需要这样的一种关联和牵制，如果没有这种关联和牵制，三个不同的机构各自行使自己的权力，那如何让它们相互制约、相互抗衡呢？

麦迪逊表示，考察美国各州宪法中三权的制度安排，不难发现，没有哪个州宪法中的三权是绝对分立的，相反，三权之间总是存在某种关联和交叉。如果因为三权之间有交叉就认为联邦宪法违反了三权分立原则，这不仅与三权分立原则提出者的真正意图不相符，也与这一原则在当时美国的理解不相符。

三权分立原则并不意味着三个部门之间完全没有联系，相反，除非它们联系并且混合在一起，或者交叉在一起，以至于相互之间能够进行宪法上的相互约束或者控制，分权没有办法完成，或者说，分权制衡难以落实。为什么这么说？因为权力有天然的侵犯特性，应当有效地限制它的界限。在对三种权力进行分立之后，即由三个部门分别行使之后，最难的任务就是为每一种权力提供切实可行的保障，避免其他权力对它的侵犯。

这种相互牵制也可以理解成，一个部门不能把另一个部门的权力全部拿走，就是让它能够抵御其他部门的侵犯，无论是立法权还是行政权、司法权都需要这种抵抗。麦迪逊说，在宪法上准确地标出各个部门权力的边界，根本无法防止权力的侵犯本性。也就是说，只在宪法上写上每个部门拥有什么权力，并不能防止一个部门侵犯另一个部门的权力。对于防止政府当中较弱的部门受较强的部门侵犯，一些充分的制度保障是必需的。麦迪逊所说的较强的部门主要指立法机关。在一个共和政体中，立法机关是民选的，并且人数众多，更容易赢得民众或选民的支持，它扮演着立法者的角色，它的权力是积极的、进攻性的，因此最为强大。

如果立法机关不制定法律，行政机关就没有法律可以执行，司法机关也不能解释和适用法律，所以，立法机关在一个共和政体当中，总是扮演着非常积极、非常强势的角色。对它进行严格的限制，在一个共和政体中是必需的。

麦迪逊提到，参加过独立战争的"国父"们，在很大程度上讲，只注意到了行政机关对自由的威胁，没有注意到立法机关对自由同样存在威胁，因此，在刚独立的时候，他们制定的《邦联条例》中没有行政机关和司法机关，只有立法机关——邦联国会。《邦联条例》的起草者害怕行政机关会像英国国王那样强大，只对行政机关的权力做了防范，而没有在防范立法机关的权力上下功夫。

麦迪逊指出，在三种不同的政体中，容易滥用权力的来源是不一样的。在世袭君主制政体中，滥用权力的主要来源是行政机构，也就是国王，人民很难对他进行制约。在民主制政体中——这里指的是直接民主制，滥用权力的来源同样是行政部门。这一点可能跟我们直觉的认识是相反的，直接民主怎么可能导致行政机构滥用权力呢？原因在于，参与政治者人数众多，且民众的激情未经过滤，很容易战胜理性，个别善于蛊惑人心的人就会占据统治地位，表面上看起来更加民主，其实质反而更加寡头。比如，在古代雅典，所有的公民都直接参与公共事务管理，善于蛊惑人心的演说家振臂一呼，就把所有人都煽动起来了，苏格拉底就是这样被判了煽动青年罪，被处以死刑。所以，在直接民主政体中，因为没有办法过滤民众的激情，很容易导致一个人或少数人利用这种激情掌控或垄断权力。

而在代议制政体中，滥用权力的主要来源，则变成了立法机关。一方面，在一个代议制共和国中，立法机关扮演着主动、积极的角色，它的人数比较多，对民众的影响比较大；另一方面，立法机关是唯一有权向民众征税的机构，它掌握着钱袋子，而这种权力的威慑力相当大，可以对其他机关产生很大的影响。

麦迪逊引述杰斐逊《弗吉尼亚州笔记》来支持自己的看法，它指出："政府的所有权力，即立法、行政和司法权，终归都在立法机关手里。将这些权力集中在同样一些人手里，恰恰是专制政府的定义。即使这些权力集中在相对多数的手里而非一个人手中，其专制程度也丝毫不会减轻。一百七十三个暴君无疑跟一个暴君一样残暴。那些对此存疑的人，应该看看威尼斯共和国。他们由我们选举产生这一点，并不能有所助益。选举式暴政不是我们努力追求的政府；我们想要的政府不仅应当建立在自由原则基础之上，而且政府的权力应当在几个机构之间分立并平衡，没有其他机构的有效制约和限制，任何一个都可能超越其法律边界。基于这种理由，弗吉尼亚州的制宪会议确立了三个机构分别行使三种不同权力的架构。但是，在这三种权力之间，没有设置任何障碍，司法和行政机关人员的生计，甚至一些人的连任，都依赖于立法机关。因此，如果立法机关篡夺了行政权和司法权，不可能出现对它的抵抗。即使出现了抵抗，也不会奏效，因为在那种情况下，立法机关可以把它的行动变成一种议会立法，致使另外的机构有义务遵守。因此，在许多情况下，立法机关将应当留给司法机关的裁决权力攫取了；在立法机关整个开会期间，行政机关的命令不过成了例行公事。"①

这段话表明，即使立法机关由选举产生，即使它由多人组成，也决不能让它拥有所有的权力，否则，结果必然是暴政，几百个暴君跟一个暴君没什么区别。千万不要误以为，立法机关或者任何一个机关是选举产生的，就可以赋予其所有的权力或至高无上的权力，集权所

---

① Hamilton, Alexander, John Jay, and James Madison. 2001. *The Federalist*. The Gideon Edition. Ed. George W. Carey and James McClellan. Indianapolis, IN: Liberty Fund. pp. 258-259.

产生的后果，与掌握这种权力的人或机构是如何产生的，没有关系。

因此，麦迪逊强调，仅仅在宪法上对各个部门的权力进行边界的划分，是没有办法防止权力的侵略性的，而这种侵略性容易导致所有的权力都集中在同一个部门或同一些人手中。也就是说，如果我们不能防止一个部门侵犯其他部门的权力，这些权力最终都会掌控在一个部门当中，不管是哪一个。

在美国"国父"们看来，在一个共和国中，最强大的机构就是国会。大家可能会对此感到疑惑，因为今天我们看到的美国，总统的权力非常大，很多时候非常强势。但是，不要因此就认为美国的国会很弱，其实，国会一点也不弱，因为所有的立法都来自国会，总统再强势，也没有权力亲自制定法律，他可以去呼吁，去倡导，建议国会制定某部法律，总统甚至也可以否决议会的立法。但是，想要出台一部法律，必须由国会启动，比如，增加税收，只有国会有权力通过立法这么做。

为何通过诉诸人民确保分权制衡不可取？

1787 年立宪时，令"国父"们颇伤脑筋的一个问题是，将立法、行政和司法三种权力分别授予三个不同的部门之后，如果一种权力侵犯或篡夺另一种权力怎么办？如果强势部门压倒弱势部门怎么办？如何确保它们在各自的边界内行使权力并受到约束？毫无疑问，这不是一件容易的事情，人们提出了各种不同的方案。

《独立宣言》起草人托马斯·杰斐逊曾在其《弗吉尼亚笔记》中表示，为防止强势部门侵犯弱势部门，应当通过召开修宪大会的方式来解决，当三个机关中的任何两个经过其三分之二的成员同意时，即应召开修宪大会以矫正强势部门对弱势部门的权力侵犯，或者修改宪法。

但麦迪逊认为，这种方式不可取。他说，毫无疑问，人民是权力的唯一合法来源，宪法上规定的各个机关的权力都来自人民，通过召开修宪大会来改变政府架构，矫正一个机关对另一个机关的权力侵犯，似乎与共和原则是一致的，而且，各个机关的权力都来自宪法，对于它们之间的边界冲突，用召开修宪大会的方式来调解不同机关之间的权力冲突，似乎很有道理，但是，通过时不时地召开修宪大会和诉诸人民的方式，来确保各个机关在其边界范围内行使权力，是不可取的。第一，立法机关人数众多，而且是通过选举产生的，对选民的影响超过另外两个机关。它拥有太多的手段来对付另外两个机关，很容易对其产生有利于自己的影响，致使其不得不与自己合作，而其他机关很难有办法对抗它。行政机关只有总统一个人，而司法机关都是任命的，不是选举产生的，立法机关占优势几乎是必然的结果。因而，如果立法机关侵犯另外两个机关的权力，想要通过诉诸人民和修宪的方式来对抗它是比较困难的，是无法奏效的。

第二，经常诉诸人民将会导致人民对政府的不尊重。一旦出现权力纠纷，动不动就让人民来裁断，那样的政府是不会有威信的。毫无疑问，所有政府的存在都依赖于人民的舆论和看法，但是，个人的看法或舆论的力量及其影响，依赖于跟他持同样观点的人数。人的理性，就像人自身一样，当一个人孤立无助的时候，是容易怯弱和小心的，是比较谨慎的，但是，随着持同样观点的人数的增加，人的理性就会变得更加坚固，信心就更足。也就是说，如果持有同样看法的人非常多，他们就可能会变得肆无忌惮，什么都不怕，哪怕他们错了，也很难对抗他们。这在某种程度上有点像勒庞所说的"乌合之众"，一个人提出自己的看法，可能会很谨慎、很小心，但如果无数的人都持有同样的看法，这个人可能会变得很疯狂。麦迪逊说，在一个由哲学家组成的国家中，不需要有这种担心，因为一种明智的理性将会教导人们尊重法律，但是，期待这样的国家就像期待柏拉图的"哲学王"一样，完全不靠谱。

第三，不定期诉诸人民有破坏公共秩序的危险。如果动不动就让人民来解决不同部门之间的权力争端和宪法危机，动不动就求助于民众的激情，则整个社会的秩序和安宁很容易受到搅扰。虽然我们不能否认美利坚人民的德行和智慧，但经常诉诸人民会加大潜在的危险。虽然我们在立宪过程中目睹了民众对"国父"们的信心和热情，但是，那时的情形非常特殊，诸多有利因素帮助我们顺利渡过难关，而如果未来我们还不时请求人民介入宪法的纷争之中，可能就不那么幸运了。

第四，也是最大的反对理由，不定期诉诸人民并不能实现维持政府分权制衡的目的。因为共和政府的倾向是立法机关的扩张，这种扩张是以侵犯其他两个机关的权力为代价的。在大部分情况下，通常是行政和司法机关诉诸人民，但这两个机关的人员甚少，认识不了多少民众，起到的作用非常有限；而立法机关人数众多，与人民联系密切，对人民影响巨大，最容易占优势。因此，倘若要诉诸人民，一定是立法机关占上风，因为他们跟选民的关联超过了总统和司法机关。立法机关不仅能最成功地诉诸人民，而且能够使他们自己成为判断事务的法官。也就是说，如果让人民来解决权力之间的这种相互侵犯和纷争，人们最后会发现，议会的议员成了法官，这些人将会在修改宪法或是裁决权力纷争的委员会中获得较多席位，占主导地位。因为人民不可能直接站出来解决这个三个机关的人员权力纷争，肯定还要选一些代表，那么，选谁呢？最后选出来的可能还是国会的议员。

鉴于此，麦迪逊总结道，不时地诉诸人民，既不适当，也不是有效确保分权制衡的手段。一旦发现三个机关之间存在权力相互侵犯的情形，就让人民来解决，是不可行的，相反，我们要在宪法上，在制度架构上，确保每一个机关都有有效的办法来对抗其他机关，要有一些相互牵制、相互抗衡的手段。这才是最重要的。

反对新宪法的人指出，既然不时地诉诸人民不可行，那我们定期地诉诸人民怎么样？我们每几年让人民来判断一下某个机关是不是侵犯了其他机关的权力怎么样？麦迪逊说，这样也不行。第一个理由是，未来的约束很难阻挡当下的当权者干坏事的动机。比如，我们每四年召开一次大会，来讨论一个机关是不是侵犯了另一个机关的权力，但问题是，那是事后的。如果一个机关想要滥用权力，它才不管几年之后人们做出什么样的决定，你没有办法约束它现在干坏事。

第二个理由是，这种事后的救济为时已晚，因为那个侵犯其他机关权力的部门，已经把坏事干完了，也就是说，它的滥权已经完成了。这种事后的救济没有意义，它的权力滥用可能已经给这个国家和人民造成了损失，这个时候再去阻止它，有何意义呢？关键的问题是，应该事先阻止，而不是事后问责。

第三个理由是，如果一个机关已经干了坏事，已经滥用了权力，已经侵犯了其他机关的权力，你想要根除它，已经很难了。因为它在权力滥用过程当中已经形成了自己的利益，或者，它已经有了某种倾向。我们要想阻止它，应该从萌芽状态来阻止，而不是等它扎根之后再消除，那会变得十分困难。

麦迪逊举例说，宾夕法尼亚州曾采用过每几年修改一次宪法的方式来阻止三种权力之间的相互侵犯，但结果非常糟糕，原因在于：其一，虽然宾夕法尼亚州的修宪委员会每几年要进行一次修宪，但这个委员会中最活跃的成员，仍然是之前各派系中最活跃的那些人。其二，修宪委员会中活跃的人物，同时也是被审查期间立法和行政机关中活跃的那些人，这些人已经做了侵犯其他机关权力的坏事，最后修宪委员会当中还是由他们来审查，自己审查自己，能审查出来什么？其三，修宪委员会的讨论过程，总是激情压倒理性，党派倾向十分明显。当人们冷静而自由地运用理性解决问题的时候，他们不可避免地对一些问题持有不同的看法，但当他们被一种共同的激情所左右的时候，他们的看法将会千篇一律。而这一点就反映在当时修宪委员会的讨论之中。其四，不论修宪委员会的决定是否误解了宪法上对立法机关和行政机关的限制，不努力使其权力限制在宪法厘定的位置上，至少是成问题的。最后，宾夕法尼亚州修宪委员会的决定，不受立法机关的尊重和执行。立法机关否认了修宪审查委员会的宪法解释，并且在与其斗争中占了上风，结果，修宪委员会的决定根本没有威信，可以说，它从来都不起作用。

所以，麦迪逊主张，不应该搞这样一个修宪委员会，不应该通过定期诉诸民众的方式来防止三个机关之间的相互侵犯，而应该在制度设计上做文章，让三个机关相互监督，相互制约，相互平衡。

用野心对抗野心，方能有效限制权力

美国宪法之所以实行三权分立，进行分权制衡，是宪法制定者坚信任何拥有权力的人都容易滥用权力，任何拥有权力的人都有野心。麦迪逊曾说过一段非常著名的话："如果人是天使，将无需政府；如果天使统治人，将无须对政府进行内外的限制。在构建一个人统治人的政府时，巨大的困难在于：你必须先让政府能控制住被统治者，接下来，还必须让它控制住自身。无疑，依赖人民是控制政府的主要手段。但经验表明，辅助性的手段是必需的。"①

这段话的一个基本假定是，人不是天使，或者，像我们通常所说

---

① Hamilton, Alexander, John Jay, and James Madison. 2001. *The Federalist*. The Gideon Edition. Ed. George W. Carey and James McClellan. Indianapolis, IN: Liberty Fund. p.269.

的一样，人性有恶的一面，因此，必须让权力之间相互对抗，相互制约，相互平衡。在西方传统中，基督教强调"原罪"，主张每个人都是有罪的，每个人都容易犯错误，所以，任何人都不能拥有不受限制的、至高无上的权力。当然，这并不意味着，麦迪逊和美国其他的"国父"们认为人性完全是恶的，他们的人性观非常复杂：一方面，他们相信人性有恶的一面，必须对拥有权力的人进行制约。同时，麦迪逊等人又相信，人性有善的一面，否则，他们的结论就将是霍布斯式的。如果人性全部都是恶的话，那结果必然是，每个人都反对其他人，要想让这些人和平相处，唯一的办法就是，赋予一个至高无上的主权者所有的权力，让他来裁决人世间所有的纠纷。[①]但是，霍布斯式的解决方案忽略了一个重大问题——谁来约束主权者？如何约束他？霍布斯所设想的主权者是凌驾于法律之上的，他虽然受到自然法的约束，但违反了实证法却无法对其进行惩罚，没办法制约他。

　　美国"国父"们相信人性有善的一面，才从霍布斯式的方案中走了出来。他们认为，既然人性有恶的一面，又有善的一面，那么，一方面我们需要对政府的权力进行严格的约束；另一方面，我们要相信民众有充分的自治能力，他们可以自己管理自己，在适当的制度安排之下，应该让他们自主治理，自己决定自己的命运，否则，我们就会造就一个高高在上的政府，它替人民做主，凌驾于人民之上。那将违背我们设立政府的本意。

---

① Hobbes，Thomas. 1996. *Leviathan*. Ed. J. C. A. Gaskin. Oxford，UK：Oxford University Press.

麦迪逊说，任何拥有权力的人都是有野心的，要制约野心必须用同样的野心来对抗它，没有别的办法。防止权力集中在一个部门手里的关键在于，给予每一个部门阻止其他部门侵犯其权力的动机和手段，并且防卫和侵犯的这种手段要相当。如果立法机关想要防范行政机关，立法机关就要拥有相当的权力可以对抗它。美国"国父"们想出来的办法是，国会可以弹劾总统，如果总统行为不端或者违反法律，就可以弹劾他，让他下台。虽然这种权力不一定经常使用，但它永远都是一种威慑。反过来，总统要制约立法机关，可以通过行使否决权来实现，他可以否决国会制定的法律。当然，国会还可以通过三分之二多数，再否定这种否决，不过，三分之二多数通过是非常困难的，这需要议员之间很高的共识程度，大部分情况下很难做到这一点。因此，总统的否决在相当大程度上能够起到防止立法机关为所欲为的作用。

立法机关跟司法机关之间也存在相互制约的机制，一方面，立法机关可以弹劾法官，如果法官涉嫌滥用权力，贪赃枉法，它可以弹劾法官。反过来，法官也可以对立法机关进行制约，它的手段就是违宪审查，如果法官认为国会制定的法律违反了宪法，可以宣布它无效。行政机关和司法机关的相互制衡体现在：一方面，总统有权提名法官；另一方面，法官可以宣布总统的命令或行动违宪并无效。

由此可以看出，立法、行政、司法这三个机关之间，每一个机关都对另一个机关形成了某种程度的牵制，或者说，每一个机关都行使了另一个机关的部分权力。恰恰因为这种部分地拥有、部分地行使另一个机关的权力，让它们之间能够相互制约、相互平衡。这就是麦迪逊所说的"用野心来对抗野心"。由于每一个机关都有野心，因此，必须由其他同样有野心的机关监督和制约它。

麦迪逊指出，在构建一些人统治另一些人的政府时，困难首先在于如何让政府能够控制住统治者。其次，它能够控制住自身。也就是说，政府必须能够存在下去，能够维持秩序，能够控制民众，否则，就会出现无政府状态。在美国"国父"们看来，无政府状态比任何政府都要糟糕，哪怕是专制的政府。

另一方面，政府确立之后，还必须让它能够约束住自己，也就是说，这个政府不能变成一个无限政府，不能高高在上不受制约，最后变成了统治人民的对象。当然，从根本上讲，依赖于人民是控制政府的主要手段，因为在一个共和国中，主权在民，最终对政府权力的控制依赖于人民。如果人民腐化了，人心败坏了，这个共和国就没救了。宪法上有制约政府的手段，但宪法总是人执行的；法律是人制定的，法律是人执行的，法律还是人解释和适用的，所以，从最终意义上讲，还是要依赖人民。但是，我们不能事事诉诸人民。一旦发生了冲突或纠纷，一旦某个机关滥用了权力，我们就让人民出来裁决，那很危险。因此，必须得有辅助性的手段。所谓辅助性的手段，就是宪法上必须得有相应的牵制每一个机关的办法，主要就是让它们之间能够相互打架，相互抗衡。

不过，我们不可能给每一个机关同样的防御权，也就是说，三个机关相比，不可能给每一个机关完全相同的抵抗其他部门侵犯的权力。在共和政体下，立法权必然占上风，解决立法权占上风所带来的不便的方式，是将立法机关分为不同的分支，也就是实行两院制，使这两个分支缺少关联，共同依赖于整个社会和选民。

从历史上看，两院制不是美国的发明，英国很早就实行了两院制，但英国的两院制跟美国的还是有很大区别的。在英国，上议院是贵族院，不是选举产生的，而且随着民主化程度的增加，其重要性越来越低，其权力不断受到削弱；下议院（平民院）变成了英国议会的核心。而在美国，国会两院都是选举产生的，但产生的方式不同。这种两院制的目的在于立法机关内部的进一步分权制衡，所有的法律都必须同时经过这两个机构通过才能生效，一个机构不通过，法律就无法生效。这就为任何一部法律的通过增加了难度。

可能很多人会说，这种安排效率太低了，立法速度太慢了。但是，对于美国"国父"们而言，这样才能更好地确保民众的自由和安全。如果法律通过得太快，几天或几个月就制定一部，这样的法律往往是非常危险的，因为它根本没有经过充分的讨论和辩论，没有经过各种利益的博弈。在美国，一部法律的制定和通过可能要经历几年甚至几十年，他们主要关心的不是效率问题，而是自由问题。当然，长期来看，我们也没有发现两院制导致他们效率低下。阿克顿勋爵曾说过，两院制是防止多数的暴政最重要的手段之一。因为在两院制中，两个院的产生方式不同，参议院是按照地域产生议员，而众议院是按照人数来产生议员。如果一个国家的议会只有一院，并且完全按照人数来产生议员的话，多数的暴政是很难避免的，因为人口多的地方产生的议员就多。

就 1787 年美国宪法而言，其限制权力的方式主要是通过双重分权制衡完成的。一方面是横向的分权制衡——三权分立，即立法、行政、司法三权之间的分立与制衡；另一方面是纵向的分权制衡——联邦主义，即联邦政府和各州政府之间的分立与制衡。麦迪逊认为，这样的安排对于人们的自由和权利而言最安全，因为它是最大限度的分权制衡。

他说，在一个单一制的共和国（single republic）中，人民让渡出来的所有权力都由一个机构来行使，就是中央政府，要防止这个中央政府滥用权力只有一种办法，就是让这个政府的三个不同的机构之间相互牵制，即实行三权分立。但是，在美利坚合众国这样的复合共和国（compound republic）中，在这样一个联邦共和国或者说扩展了的共和国（extended republic）中，人民让渡出来的权力分给了两个不同的政府：一个是联邦政府，一个是州政府，它们是两个不同的政府，独立地存在，二者相互牵制；而在每一个政府的内部，又实行三权分立，即内部的相互制约。所以，麦迪逊说，这种复合共和国和单一制共和国比较起来，对个人自由的保护提供的是一种双重保障（double security）。在一个单一制共和国中，因为只有横向的分权，没有纵向的分权，对权力的制约是单向的，是一维的，远远不够。而复合共和国对权力的制约是双向的、双重的，因而能起到双重安全的作用。

而且，美国这种复合共和国的一个重要优势在于，它能够更有效地防止多数的暴政。麦迪逊指出，有两种办法可以防止多数的暴政。一种是创立一种独立于多数和整个社会的意志，这种方法在世袭制政体中流行。国王或贵族可以被视为一种独立于多数的意志，当多数滥用权力的时候，由它凌驾于多数之上，阻止多数滥用权力。问题是，这样的方法很危险，因为无法防止它变得专断。还有一种办法就是，在一个社会中，尽可能多地形成各种各样的利益、阶层、群体。就像《联邦党人文集》第十篇所提到的派系之争一样，让社会的利益和群体多元化，越是多元化，同一群人形成多数的可能性就越低，多数的暴政发生的可能性就越小，多数联合起来欺压少数的可能性就越低。

可以想象，在一个非常小的、比较单一的社会中，利益群体相对较少，多元化的程度不够，多数人想要联合起来欺压少数人是比较容易的。但在一个大的联邦共和国中，它首先由无数个小的共和国组成，每一个小的共和国都有自己独特的政治法律制度，社会的利益高度多元化，多数人想要联合起来欺压少数的难度大大增加。美国宪法正是采用了这样一种办法。麦迪逊说，在美国这样一个利益、党派、派系、阶层众多的国家，多数人要想联合在一起，除非是建立在正义和公共利益的原则基础之上，否则，几乎是不可能的。

美国建国的时候，历史上还没有出现过大的共和国。十八世纪之前的理论家，比如孟德斯鸠，都认为，共和国只能在一个小国建成，像日内瓦那样的地方，而在一个大国，是无法建立共和国的。当时的美国，有十三个殖民地，三百多万人口，已经被认为是一个大国了。不少人认为，要在这样大的国土上建立一个共和国，是不可行的。

但是，麦迪逊说，如果我们采纳联邦制这种架构，建立的是一个复合共和国，让大国成为共和国不仅是可行的，而且更有利于自由和自治，因为多数的暴政在那里变得更加困难。如果我们建立一个单一制共和国，或者中央集权的国家，多数的暴政将无法避免，共和国的前途会非常渺茫，而联邦制很好地克服了这种缺陷。一个社会越大，利益越多元，它就越有可能实现自治（self-government）。

英国是议会至上政体吗？

对于美国这样的双重分权制衡政体，不少人都多少感到有些困惑。他们提出的问题包括：为何设计一种如此复杂的政体？不实行三权分立能够保障人们的自由吗？英国实行的不是三权分立，它是议会至上政体，不是也能保障人们的自由吗？而且，它还被认为是"宪政法治之母"呢。

的确，流行的看法认为，英国奉行的是"议会至上"（parliamentary supremacy）或"议会主权"（parliamentary sovereignty）。但是，这种看法站得住脚吗？经得起仔细推敲吗？在笔者看来，答案是否定的。英国的确是一个宪政国家，但其政体并非"议会至上"——如果它意味着议会的权力高于一切或者不受其他权力制约的话。长期以来，理论家们倾向于将英国政体的性质界定为"议会至上"或"议会主权"，人们常常用一句广为流传的名言来描绘它，即英国议会可以做任何事情，除了不能把一个女人变成一个男人，把一个男人变成一个女人。

这种看法的流行在很大程度上肇始于英国著名法律家布莱克斯

通，而他的观点主要来自对普通法史上伟大法官库克爵士（Sir Edward Coke）论述的解释。布莱克斯通在提出议会主权的主张时，引用的依据就是库克爵士的一段话："（英国）议会通过法案进行立法的权力和管辖范围，是如此超然与绝对（transcendent and absolute），以至其不受无论是事项还是人物的任何限制。对于这个立法机构的确可以说：如果你考虑其历史，它是最古老的；如果你考虑其价值，它是最荣耀的；如果你考虑其管辖权，它是最广泛的。"①

布莱克斯通进一步称，英国议会可以制定或废除任何法律，可以行使超越日常法律活动的所有权力，还可以规制对国王的继承，改变这个国家的国教，甚至可以改变和重新创设王国的宪法和议会自身的组织原则等。简而言之，它可以做大自然允许的任何事情，因此，一些人称其为全能议会，对议会的所作所为，地球上没有机构能够撤销。

布莱克斯通明确地拒绝了人民主权或主权在民的看法。他说，无论主权在民的看法在理论上多么正当，在实践中也不能采纳它，在任何政府统治下都不能通过法律手段落实它，因为将权力赋予全体人民意味着可以解散由人民自己确立的政府，意味着使所有人退回到原初状态，并且会废除所有此前制定的实证法。因此，他得出结论：只要英国宪法还存在，议会的权力就绝对不受控制。②

布莱克斯通的看法对后世影响很大，尤其是对英国法律家奥斯

---

① Coke，Sir Edward. 2003. *The Selected Writings and Speeches of Sir Edward Coke*, Vol.2. Ed. Steve Sheppard. Indianapolis，IN：Liberty Fund. p.1133.

② Blackstone，William. 1893. *Commentaries on the Laws of England.*（In Four Books and Two Volumes），Vol.1-Books I & II. Philadelphia：J. B. Lippincott Company. p.124.

汀（John Austin）、戴西（A. V. Dicey）等人。奥斯汀曾经指出，主权几乎不可能在一个社会的全体成员手里，在大多数现实社会里，主权由社会的单个成员垄断或由极少数成员独享，甚至在那些政府被认为系由人民主宰的现实社会里，主权享有者也是整个政治共同体的很小一部分。一个独立的政治社会自主治理或者由全体民众组成的主权者治理，在理论上不是不可能，但这种社会的存在极其缺乏可行性。在他看来，英国议会拥有主权，国王与贵族院、平民院的成员，构成了三位一体的主权者或最高统治者，真正的主权在国王和两院的选举人手里。①

　　戴西也持有同样的看法。他说，英国议会有权制定或废除任何法律，并且，任何人或机关都无权撤销或废除议会立法。在英国，议会主权是毋庸置疑的法律事实（legal fact），议会至上原则是英国宪法的真正根基。但是，戴西认识到了议会主权理论的内在张力和自相矛盾之处，于是，提出了法律意义上的主权和政治意义上的主权之区别。前者意味着立法权不受任何法律限制，在英国由议会享有；后者意味着主权由选民、国王和贵族院享有，或者更准确地说，由选民独自享有。因为在英国，选民的意志，或者选民加上国王和贵族院的意志，决定了英国政府的所有事务，长期而言，选民的意志总是占上风。但这只是一个政治事实，而非法律事实，法院不关心选民的意志，法官们只知道表达在议会立法中的人民意志，决不会主张议会立法因违反

---

① Austin，John. 1995. *The Province of Jurisprudence Determined*. Ed. Wilfrid E. Rumble. New York：Cambridge University Press. p.194.

选民意志而应被宣告无效。①

不过，无论是布莱克斯通的议会主权观，还是戴西的修正主义看法，都忽略了英国历史上的有限政府之现实，忽略了英国历史上长期的制衡观念与实践，忽略了《大宪章》之类的古代宪法对英国政体的塑造，忽略了法院和普通法对王权和议会权力的制约。无论是国王还是议会掌握至高无上的权力，都无法构建一个有限政府，都不可能孕育出宪政。在"光荣革命"之前的历史上，国王的权力较大，但也并非毫无限制，1215 年的《大宪章》就是一个明证。十三世纪的法官布拉克顿（Henry de Bracton）说："国王贵居万众之上，但他受制于上帝和法律；法律造就了国王；国王必须遵守法律，尽管如果他违法，对其惩罚必须留给上帝。"②

在此后的几个世纪中，议会的权力不断扩大，至十七世纪时，主权之争存在三种说法，分别为主权在国王、主权在议会中的国王、主权在法律。后者的支持者主要为库克爵士。库克主张，普通法高于议会的制定法和王权，当法官认为制定法违反理性和自然法或者侵犯王权时，可以宣布它无效。实际上，库克并未主张过议会至上，相反，他在 1610 年的著名案件"博纳姆医生案"（Dr. Bonham's case）中，明确地提出了议会立法受到限制的主张，说："普通法一定支配

---

① Dicey, A. V. 1982. *Introduction to the Study of the Law of the Constitution*. Indianapolis, IN: Liberty Fund. pp.27-28.

② Bracton, *De Legibus Angliae*（Rolls Series）, I, 38; *History of English Law*, vol. I, pp.160-1, 500-1. 转引自 Maitland, F. W. 1908. *The Constitutional History of England*. Ed. H. A. L. Fisher. New York: Cambridge University Press. pp.100-101。

议会的立法，有时应裁判其无效。当一个议会立法违反普遍的正义和理性（common right and reason）、令人厌恶或者不可能被执行时，普通法将支配它，并判决该法无效……"① 这一论断被一些法律家认为是司法审查（judicial review）的起源，而该判决比有着"司法审查第一案"之称的"马伯里诉麦迪逊案"早了几乎两百年。

如果我们较为全面地考察库克爵士的政治与法律观，作为倡导司法独立和司法审查的先驱，他没有也不可能主张议会的权力不受限制，不会提出议会主权或议会至上的观点，尽管他的时代目睹了王权的恣肆，并且他晚年在议会里扮演了重要的角色。在很大程度上讲，将库克视作议会主权的始作俑者，是布莱克斯通对库克的误读，而这种误读又被奥斯汀、戴西等人错误地接受了，导致以讹传讹。从政治和司法的运作现实来看，英国也并非议会主权或议会至上的政体，因为议会也必须恪守法治和人权保护原则，而且法院有解释和适用法律的权力。英国法官劳斯爵士（Sir John Laws）曾明确指出，宪法作为"更高秩序的法"（higher-order law），意在保护个人的基本权利和自由，议会也必须受制于它，即使议会是民选的；对议会立法的司法审查对于保护基本权利和自由是必需的，侵犯基本权利和自由的政府权力是违反民主原则的。②

这位英格兰与威尔士上诉法院的法官还说："在每一个文明宪法

---

① Coke，Sir Edward. 2003. *The Selected Writings and Speeches of Sir Edward Coke*, Vol.1. Ed. Steve Sheppard. Indianapolis, IN：Liberty Fund. p.275.

② Laws，Sir John. 1995. "Law and Democracy," *Public Law*（Spring）：72-93.

国家，最终的主权不在那些行使政府权力的人手里，而在其获得许可如此行为的条件之中。在这种意义上讲，宪法，而非议会，是主权者。"① 显而易见，在劳斯爵士看来，既然议会也必须受制于宪法，那么议会就不可能是主权者，真正的主权者是英国宪法。

无论是历史上还是现在的英国都不是一个议会至上或议会主权的国家，否则，那里不可能有宪政，个人的权利和自由也不可能获得有效的保护。其实，宪政不承认任何机构拥有至高无上的权力或主权，不承认任何机构拥有不受制约的权力，哪怕它是选举产生的。这当然适用于民选的议会，因为即使议会由民选产生，它也可能滥用权力，它通过的立法也可能与宪法相悖，可能侵犯个人的自由和权利。实际上，在共和政体中，议会滥用权力的可能性更大，立法机关到处扩张其活动范围，将所有权力卷入其激烈的旋涡中。

美国"国父"们对此深有体会，所以他们致力于建立一个三权分立而非议会至上的政体。麦迪逊指出，在君主专制政体中，行政机关或君主是自由的主要威胁；在直接民主政体中，人民作为直接立法者的无能容易导致行政长官阴谋诡计的得逞，结果难免同样是行政机关的暴虐；但在代议共和政体中，议会系民选产生，立法权由多人行使，对人民产生影响并对自己的力量无比自信，能感受到鼓动民众的激情且有能力追求其激情向往的对象，因此，民众最应该担心的是议会的大胆野心。毋庸置疑，在共和政体确立之前的时代，君主或行政

---

① Laws，Sir John. 1995. "Law and Democracy," *Public Law*（Spring）: 72-93. p.92.

机关是自由的主要威胁，人们主要防范它的滥权和专断。但到了共和时代，议会同样构成了自由的主要威胁力量——或者说，所有的机构都可能构成对自由的威胁——因而，防范议会的权力在所难免。托马斯·杰斐逊曾预言性指出："立法机关的专制是当下以及长时期内最令人恐惧的事情。接下来将是行政机关，但那将在遥远的未来。"①

共和政体的倾向是立法机关的扩张，这不仅因为立法机关掌握着财政大权，其他机关在一定程度上对其形成依赖，而且因为立法机关人数众多，由人民选举产生，与人民联系密切，对人民的影响较大，与其他机关相比占据优势地位，容易构成对其他机关的威胁。尽管行政机关也由人民选举产生，但它人数较少，能感受到的激情有限；而司法机关则由任命产生，几乎不与人民发生什么关联，或者说，这种关联十分遥远。因之，比较而言，行政机关和司法机关对人民的影响难以与立法机关相提并论。在这种情况下，立法机关更需要提防，更要受到良好的制约。难怪哈耶克说："宪法的目的正是阻止即使来自立法机关的所有任意限制和强制。"②在讨论英格兰的宪政时，孟德斯鸠曾指出，当立法权比行政权更加腐败时，自由便不复存在了。③

无论如何，即使议会是由选举产生，也不能赋予其至高无上或不

---

① Jefferson，Thomas. 1904. *The Works of Thomas Jefferson*. Vol. V. Ed. Paul Leicester Ford. New York：G. P. Putnam's Sons. p.463.

② Hayek，F. A. 1982. *Law, Legislation and Liberty Vol. 3: The Political Order of a Free People*. London：Routledge & Kegan Paul. p.111.

③ Montesquieu，Baron de. 1949. *The Spirit of the Laws*.（Two Volumes in one）. Trans. Thomas Nugent. New York：Hafner Publishing Company. p.162.

受约束的权力，也不能将所有的权力都集中在它手里。选举并不能阻止暴政，选举产生的权力与其他方式产生的权力一样，都需要受到制约。在某种意义上讲，倘若选举产生的权力不受制约，结果更加可怕，因为它获得民众的普遍支持，增强了其暴虐的合法性。无疑，将权力集中在议会手里与集中在其他任何机关或个人手里一样，本身即构成专制。议会至上或议会主权等同于议会专制或议会暴政，与宪政格格不入。合乎宪政的制度安排是三权分立和分权制衡，而非议会至上或议会主权。用维尔（M. J. C. Vile）的话说，"权力在不同的决策中心之间分散，正是极权主义或绝对主义的对立面"。[1]

对英国政体的误解，在很大程度上，源于英国没有成文宪法，它的宪法是由《大宪章》以来的一系列宪法性文件、各种各样的宪法惯例、宪法传统等组成的。人们误以为，这些不成文的宪法性文件和宪法习惯对英国的政体不起作用，不能约束英国议会的权力，或者，因为没有任何地方载明议会的权力受到制约，因而议会可以为所欲为。其实，这种看法是错误的，因为英国议会一定受到《大宪章》等宪法性文件和宪法惯例的制约，否则，很难想象英国的议不会侵犯公民的基本权利和自由，因为那里的议员也不是天使，他们一定会犯错误，一定也有野心，一定想要滥用自己的权力，没有理由相信他们不会制定出侵犯人们权利和自由的法律来。美国和其他宪制民主国家的立法机关都会制定违宪的法律，都会滥用权力，唯独英国议会不会？这怎

---

[1] Vile, M. J. C. 1998. *Constitutionalism and the Separation of Powers*. Indianapolis, IN: Liberty Fund. p.16.

么可能？

如果英国议会可以为所欲为，可以制定任何法律，那么，为何它没有制定一部法律宣布废除所有英国人的言论自由、宗教自由、结社自由、财产权等？为何它没有制定一部法律宣布废除英国的法院和普通法传统？究竟是什么力量在约束着它？毋庸置疑，正是《大宪章》等宪法性文件和宪政传统以及惯例在约束着它，使它不敢宣布废除英国人自古以来即享有的自由和权利。倘若它敢于这么做，英国人会告诉它，他们的自由和权利远比议会本身还要古老，还要根本。虽然英国没有成文宪法，但它有着悠久的普通法宪政主义传统（common law constitutionalism），不少宪政和法治原则都植根于普通法的经验和智慧中。

当然，说英国的政体并非议会至上，并不意味着它奉行的就是严格意义上的三权分立，就是美国式的三权分立，更不意味着它的政体不存在制度缺陷。英国的政体是一种有限的分权模式，其立法、行政、司法之间是一种较弱的分立和制约架构，这在很大程度上与其奉行的威斯敏斯特模式有关，或者说，与其奉行的议会制模式有关。在这种制度安排下，立法权和行政权之间存在着千丝万缕的联系，甚至行政权在很大程度上要对立法权负责，同时，在英国，最高司法权长期掌握在议会的上议院手中。这样一种安排很容易让人误以为议会的权力是至高无上的，因为行政权和司法权的独立程度都很有限。

英国政体之所以存在这样的缺陷，在很大程度上是因为它是在至少自《大宪章》至"光荣革命"的四百多年间的无数斗争和冲突中演变而成的，尤其是国王和贵族、国王和议会之间的斗争和冲突，不是深思熟虑和精心选择的产物，不像美利坚合众国的宪法和政体一样。在漫长的冲突和斗争过程中，由于国王长期处于强势地位，议会常常被看作捍卫个人自由和权利的堡垒，因而到了"光荣革命"之后，国王的权力受到比较严格的限制，议会的地位逐步得到巩固，人们自然希望议会的权力不断变大，甚至错误地希望它拥有至高无上的权力。正是在这样的历史背景下，出现了所谓"议会主权"或"议会至上"的观念。而这种观念的出现，或许在一定程度上增加了议会滥用权力的可能性。譬如，它未经北美殖民地民众同意而擅自对其征税，就明显地违背了它自己曾经奉行的"无代表，不纳税"原则。也正是这种做法，激起了殖民地民众的反抗，导致了美国独立。

美国"国父"们正是看到了英国政体的缺陷，才有意构建了一种不同模式的政治制度——三权分立，确保任何一个机关都不能一权独大。虽然今天学术界和普通民众都习惯将美国的政体称为"总统制"，但这个称谓很容易让人误以为美国总统高居其他两个机关之上，其实，它不过是一种严格意义上的三权分立制，与"议会制"所传达出来的义涵相当不同。毋庸置疑，从有效限制权力的意义上讲，三权分立制明显优于议会制，虽然很多人误以为三权分立制效率低下或者容易出现僵局。从美国两百余年的宪政历程来看，三权分立制不仅效率不低，而且对于保障人们的权利和自由不可或缺，它成为一个自由而繁荣的国度绝非偶然。

其实，英国人已经认识到了自身政体的缺陷，并开始进行一些重大的制度革新。譬如，英国在 2009 年之后设立了独立的最高法院，将最高司法权从议会上议院中剥离出来，并且具有一定程度的司法审查权。在笔者看来，这很可能是为将来实行美国式的司法审查做准备。倘若果真如此，它或许有朝一日也会变成真正的三权分立国家，让孟德斯鸠曾经犯过的那个"美丽错误"成为现实。如果连"议会至上"观念的发源地都革故鼎新了，再去鼓吹和追求议会至上就显得不合时宜了。

第八章 国会是一个什么样的机构?

在所有人数众多的议会中，无论它们是由什么人
组成的，激情从来都会成功夺取理性的权柄。即使每
一个雅典公民都是苏格拉底，每一个雅典大会都仍然
是一群暴徒。

——麦迪逊（《联邦党人文集》第五十五篇)

众议院是如何组织起来的？

确立了三权分立的基本架构之后，接下来的问题便是，如何组织每一个机关。在 1787 年的制宪会议上，代表们花了相当多的时间讨论这个问题，首先是国会的组织和职权。麦迪逊强调，官员经过选举产生，是共和政体的根本原则。为了确保主权在民，应当通过选举产生决策者，无论是议员还是总统，都应通过选举产生，虽然选举的方式可能不一样。

从国会的结构上讲，制宪会议的代表们选择了两院制——参议院和众议院。之所以如此，是因为这不仅是英国的传统，而且他们深知，两院制是进一步限制权力和防止多数的暴政的良方。国会内部分作两个院，可以让它们之间形成进一步的分权制衡。同时，两院制的另一个好处在于，不仅仅根据人口的多寡产生议员，而且考虑到了地域因素，也就是说，一个院（众议院）根据各州人口数产生议员，另一个院（参议院）则不考虑人口多少，每个州议员人数相同，这两种方式相互平衡，可以有效地防止多数的暴政。

对于众议院的组织架构，首先需要考虑的，是选举人和被选举人的资格条件以及众议员的任期如何确定、由谁确定。根据 1787 年宪法，选举人的资格是由各州决定的，而不是在联邦宪法上统一规定。

麦迪逊说，统一规定的话，会让一些州感到不满。他还指出，将选举人的资格规定在各州的宪法里，并不意味着各州政府可以随意改变，州的宪法修改起来也是非常复杂和困难的，因此，人们不必太担心州会频繁改变选举人的资格。

而对于被选举人的资格，也就是众议员的资格问题，根据新宪法，需要满足四个条件：首先，必须年满二十五周岁；其次，必须成为美国公民已经满七年；再次，当选众议员的时候，必须是他所在的那个州的居民；最后，没有任何其他的联邦公职。众议员的任期，根据联邦宪法是两年，而总统的任期是四年，参议员的任期是六年，法官是终身制的。比较起来，众议员的任期最短。

之所以这么安排，麦迪逊解释说，政府应当与人民有共同利益，这一点对于自由而言至关重要，众议员应当直接依赖于人民，要经常受人民的影响，与人民同呼吸共命运、感同身受，而这样的要求就意味着经常性的选举是必需的，因为选举间隔太久，就无法确保议员和选民之间的紧密关联。但是，两年任期是否合适——也有人提议三年，是一个经验问题，应该参考一下历史上的经验。比如，英国的众议院选举是每三年一次。虽然联邦宪法规定为两年，但各州的宪法规定不一，有的是一年，有的是七年。

在分析众议员两年任期是否适当的时候，麦迪逊做了一个非常重要的区分，即宪法和法律的根本区别。他说，宪法和法律在性质上根本不同，宪法是由人民制定的，政府没有权力改变，而法律是由政府制定的，或者说，是由议会制定的，而政府或议会是可以改变的。除了美国，其他国家当时都还没有很好地理解宪法和法律之间的根本区别。其他国家的人通常认为，哪个机构拥有最高的立法权，就有权改变政府的架构，有权改变政体，改变宪法。

即使在英国，一个自由受到比较好的保护的地方，议会的权力也被一些人认为是不受制约的，认为它可以制定任何法律。麦迪逊说，确实有人认为，英国的议会无论对宪法还是普通的立法都有绝对的权力，因此，他们可以通过议会的立法从根本上改变英国的宪法和政体。他认为，这种做法非常危险，对自由构成了严重威胁，原因在于，他们没有理解宪法和法律之间的区别，赋予议会的权力太大，以至于它可以改变宪法。他说，哪里不存在高于政府的宪法，哪里就没有宪法的保护。如果一个地方的宪法不高于政府的话，那里的宪法是不可能发挥作用的，结果必定是一个无限政府，而不是一个有限政府。

对于那种认为众议员两年任期太长，应当改为一年的看法，麦迪逊认为是不妥的。首先，立法需要一定程度的知识，而获得知识的手段有两种，一种是通过一些渠道掌握更多的信息，另一种是依赖经验。众议员的两年任期有助于他们积累实际的经验，一年太短了，美国有一些州的议会确实是一年的任期，就跟走马灯似的，一个人还没有上台就要开始下一年的竞选，基本上没有积累经验的可能性。麦迪逊说，联邦的立法需要的知识超过了各州的立法，因而联邦众议员需要学习和掌握更多的知识，要给他们学习的时间。联邦的立法在困难方面总是超过州的立法事务，允许他们有更长的任期是合情合理的。并且，联邦众议员需要掌握外交方面的知识和国际法，而州议员则不需要。

可能也有别的考虑，比如，联邦众议员经常需要长途旅行，如果仅在州里，交通不会花太长时间。但别忘了，十八世纪的时候，议员们主要是乘坐马车，几个星期甚至几个月可能都在路上，长途跋涉会浪费很多时间，因此，给他们更长的任期也是必要的。总而言之，两年一次的众议员选举对公共事务是有利的，对人民的自由是安全的。

接下来的问题是，如何在各州分配众议员的名额？每个州有多少众议员？依据什么标准产生？根据新宪法的设计，众议员的名额根据人口产生，一个州人数越多，众议员就越多，反之，人数越少，众议员就越少。对于这个原则，大家是没有争议的，但有一个问题十分棘手，就是奴隶算不算人的问题，是否算在产生众议员名额的人口基数中。

有人说，奴隶应该被当作财产，他们不该被计算在人口基数中。但是，麦迪逊说，我们不能这么看，奴隶既有财产的特点，也有人的特点，我们不能只把他们当成财产，在任何情况下都不把他们当作人是错误的。实际上，奴隶有双重属性，在一些方面法律把他们当作人，在另一些方面则把他们当成财产。最后，制宪会议的代表们达成了一个妥协，干脆把他们算作五分之三的人。如果完全算作一个人，北方各州肯定不干，那样做，南方会产生更多的议员；但是，完全算作财产，南方各州也不乐意，它们的议员数量可能会因此减少。不幸的是，这样的妥协也为将来的南北冲突和内战埋下了祸根，奴隶制最终通过战争的方式得以解决。

麦迪逊进一步指出，我们设立政府，一方面是为了保护人，一方面是为了保护财产，无论是把奴隶当作人还是财产，都应该把他们考虑在内。而且，一个人既有人身权也有财产权，根据联邦宪法，财产权和人身权是同样重要的。有人担心，如果把奴隶算作人，某些州很可能会夸大人口数量，以获得更多的议员名额。麦迪逊强调，在代议和税收方面适用同样的人口标准，将使各州既不会夸大也不会缩小本州的人口。因为夸大人口的数量，一个州代表的数量会增加，但它交的税也会相应增加，这两个方面可以相互抵消，我们不需要担心这个问题。

众议院规模多大才合适？

对于众议院的规模，反对新宪法的人提出了四条理由来批评众议员人数的制度安排。第一，众议员人数太少，不能代表公共利益。第二，众议员对各地的情况不熟悉、不了解。第三，众议院的议员很可能来自社会当中的一小部分人，特别是精英或大土地所有者之类，对多数是不利的。第四，将来整个社会的人口会增加，但代表的人数可能不会相应地增加，或者是增加得很少，因为一开始议员主要是在少数群体中产生，他们会想办法阻止别的群体的人成为众议员。

在回应反对者之前，麦迪逊先提出了一般性的关于议会规模的论断。这个论断非常重要。他说，反对者认为众议员人数过少，应该增加人数，因为人数多才能够代表公共利益，才能够反映多数人的意志。但是，没有什么比我们的政治计算建立在算术原则上更加荒谬了，也就是说，我们不能按照算术规则来确定议员人数。比如，六十人或七十人也许比六人、七人更适合组成众议院，但是，我们不能就此得出结论，说六百人或七百人更适合作为权力的受托人，组成众议院。如果我们据此主张六七千人更合适的话，那么，整个推理就完全颠倒了。合理的原则应该是，在所有的情况下，一定数量的议员对于确保获得自由讨论的好处是必需的。也就是说，我们必须得有一定的规模，不能太少，几个人肯定不行，几十个人也许能够获得自由讨论的好处。如果人数太少，他们为了不当的目的很容易联合在一起，干坏事是比较容易的。

但是，另一方面，议会的规模也要控制在一定的限度内，以免人数太多，造成混乱，激情无法得到过滤。他说，在所有人数众多的大会中，无论他们是由什么样的人组成的，不管他们多么了不起，激情从来都会战胜理性，即使每个雅典公民都是苏格拉底，每个雅典大会都照样是一群暴徒。这是在讽刺雅典的直接民主制，在那里，重大事务由五百人大会决定，表面上看似民主，其实很专制，即使那五百人每个人都是苏格拉底，他们也一样会用非理性的方式决策，激情一定会战胜理性。

从这个原理出发，麦迪逊逐条反驳反对者的理由。他说，刚开始众议院的人数确实不多，但是，人数是会不断增加的。而且，人数少并不会对自由构成威胁，因为美国人的气质、精神以及他们坚守的政治原则，使他们不会选择背叛自己的议员，选民是比较成熟、比较理性、比较谨慎的。而且，州议会时刻监督着联邦的议员，有许多的手段阻止他们侵犯选民的自由。再者，联邦议员很难向人民推荐那些背叛他们自由或法律的政策，民众是非常明智的，一眼就能看出来。从这个意义上讲，刚开始的议员数量，并不是需要担心的事情。

麦迪逊指出，在美国构建一个自治社会是可行的，因为人们有一定的德行，要相信人们具有自治的能力。虽然此前讨论分权制衡的时候，他讲人性有恶的一面，人不是天使，但他也强调，要对人有信心，相信他们自己能够管理自己。这种对人性的复杂理解意味着，一方面我们需要限制权力，另一方面我们也应该允许人们自治，因为他们有能力成为自己的主人。如果不相信人有自治的能力，我们就会设计出一个高高在上的主权者，让他来统治我们，就像霍布斯的方案一样。

对于那种认为众议院的议员缺乏相应的知识和信息的看法，麦迪逊说，代议制的重要原则当然是议员应该熟悉和了解选民的利益和情况，但是，议员们不需要知道那些细小的、特定的具体事务，这不会影响他们履行立法的职责，只要他们对所立的法能够了解，对重要的事项能够胜任，能够分析判断，就可以了。比如，他们最需要了解一些具备地方性知识的立法对象：一个是商业、贸易方面，需要他们懂得政治经济学知识，懂得贸易；一个是税收，税收比较复杂，他们需要有各方面的知识；再一个，众议员需要对民兵管理和规范有一定的了解。如果我们将大州划分成十个或十二个选区，会发现没有什么事务不在议员的知识范围之内，他完全可以了解一个选区的情况。

　　联邦议员的任务不过是考察各州不同的法律，然后，将这些法律缩编成一部通用于整个美国的法律，因为联邦的法律是建立在各州法律基础上的，这些议员对各州法律的熟悉可以帮助他们进行联邦立法。他甚至说，一个心灵手巧的人坐在书房里就可以为整个联邦编撰一部法律，不需要口头信息的任何帮助，因为联邦的法律不能凭空制定出来，一定是建立在各州法律基础之上的，而来自各州的众议员不仅了解关于各州的大量法律知识和地方性知识，而且，他们很可能都曾经当过州里的议员。也就是说，这些人对州里的地方利益、条件和情形均了如指掌，不用担心他们的知识和信息储备。实际上，在美国，如果一个人没有担任过州议员或州长之类的职位，是很难到联邦当议员的，因为人们不知道他是谁，没有人会投票选举他，因此，这些人基本上都是从地方上干起来的，可能是先从基层做起，一个市，一个县，然后才能到州的议会里，最后才能走到联邦这里。

　　用来证明"适当数量的众议员就可以"的推理，跟前面说过的要求议员拥有广泛的知识以及时间来获得这些知识的主张，并不矛盾，前面讨论过之所以规定众议员任期为两年，是因为他们需要获得相应的知识和经验。这两种要求是不矛盾的。联邦议员拥有广泛知识的必要性和困难程度不是因为各州州内的法律和地方状况的差异，而是因为各州之间的法律和地方情形的差别非常大。尽管来自各州的联邦众议员对其本州的情况十分熟悉，但他们也需要了解其他州的大量信息，不同州之间法律的差别是相当大的，特别是与老百姓日常生活密切相关的法律。

　　麦迪逊最后强调，与英国下议院的规模和代表比例相比，美国的众议院是每三万人选一名代表，这对于保护选民的利益，既是安全的，也是能够胜任的。之所以规定每三万人只能选一名代表，是为了防止议员数量过多。如果不加限制，将来随着人口的增加，议员数量不断地膨胀，众议院的规模会变得非常大，就失去了代议功能。我们知道，今天美国众议院的议员人数为四百三十五人，大约每七十万人产生一名众议员，这一数额是美国于二十世纪初通过立法的形式确定的，人口哪怕再增加，议员也是这么多。

　　众议员们是否是缺乏对人民同情的精英阶层？他们可能会牺牲多数的利益，扩张少数的利益。面对这样的质疑，麦迪逊说，每一个政治共同体的首要目标就是挑出一群出色的人作为统治者，他们最有智慧、最能够辨明这个社会的公共利益，而且最有德行。其次，必须采取最有效的预防措施，确保他们在任职期间不干坏事儿。这是共和政体和有限政府的基本目标。用选举的方式挑选决策者和统治者是共和政体的基本原理，防止这种政体堕落的手段有很多，任期限制是确保当选者对人民负责的最有效的手段之一。如果一个人背离了人民的利益，下次就把他选下去，通过这种方式给他激励，使他受到约束。

　　众议院的组成在什么情况下会违反共和原则，或者说，在什么情况下对少数人的上升有利而对多数人不利？谁会选这些众议员呢？谁是他们的选举人呢？是平民百姓来选，是每个有选举权的人来选。如果是这样，我们需要考虑的是，如何确保这些议员对选民忠诚，防止他们滥用权力，不会干那些牺牲多数人利益而只对少数人有利的事。

麦迪逊从五个方面论证了议员会对选民忠诚。

第一，被选上的议员通常都是出类拔萃、真诚而坚持原则的人。如果我们的选民比较明智、比较负责的话，他们不会选出投机取巧、专门干坏事的人，如果选出了这样的人，那说明选民本身有问题。

第二，当选的议员至少对其选民都有临时或短期的热爱，他们有荣誉感、自尊和信心。如果他们不热爱选民，选民不会投票支持他们。

第三，当选议员的自豪感和虚荣心，使他们赞成一种有助于其虚荣和荣耀的政府形式。通过一次又一次的选举，议员们的虚荣和荣耀得到满足，一个人如果干得好，下次还会当选。这样的一群人是不会轻易改变这个政体结构，推翻现在的共和制度的。

第四，经常性选举迫使议员们习惯性地记住，自己是依赖人民才当选的，没有选民的支持和信任，自己是没有今天的，是当不上议员的。他们会对选民念念不忘。

第五，议员们制定的任何法律不仅约束百姓，约束选民，也约束他们自己，以及他们的家人、朋友，这被认为是将统治者和人民联系起来的最强有力的纽带。法律是适用于所有人的，这就确保议员和选民之间存在利益共享和同情的关系，他们是绑在同一条船上的，议员们制定了对大众不利的法律，他们自己也得遵守。美国政体的制度特征、公正的法律和宪法的性质，以及美国人民的警惕和高尚精神等，可以在很大程度上阻止议员们立法偏袒他们自身或特定阶层，防止议员们制定的法律对一些人有利，而对另一些人不利，或者对少数人有利，对多数人不利。义务、感激、利益和野心将会使众议员和选民之间充满同情，将使议员对选民保持忠诚，不敢轻易背离人民。

麦迪逊还指出，如果我们对州议员有信心，为什么会对联邦议员没有信心呢？一个州议员是几百个人选出来的，而一个联邦议员是几千人选出来的，难道一个几千人选出来的议员还不如一个几百人选出来的议员吗？没有理由认为选民越多，选出来的议员越糟糕；没有事实表明，五六千个公民不如五六百个公民更能选出一个合适的议员。如果我们对州议员有信心，也应该对联邦议员有信心。

针对反对者提出众议员人数会被少数群体限制的问题。麦迪逊说，议员最初的数量是临时性的，只有三年的期限，以后会逐步增加。根据新宪法的规定，每十年统计一次人口，再根据统计结果来调整议员数量。唯一的例外是每个州至少有一名众议员，这是确定不变的。此外，对于众议员数量的增加只有一个限制，即每三万人口中不能超过一名众议员，这是一个上限，只要不到这个上限，当然可以增加众议员的数量。所以，人们不需要担心现在众议员的人数太少。

也许有人会担心，参议院有可能会结成一个联盟，联合起来挫败众议院的一些立法。麦迪逊说，这种担心也是多余的，有四个理由。第一，尽管参、众两院大部分情况下权力平等，但是，拥有较多人数的众议院在较强大的州的支持下具有有利地位。也就是说，大州会倾向众议院这边。第二，这种有利的地位，由于众议院的要求得到正义、理性和宪法的支持而加强，而敌对的方面则需同这些严肃的理由作斗争。第三，处于大州和小州之间的州，会倾向于支持大州的公正而合法的权利要求，包括增加众议院的人数等。第四，来自新州的众议员可以很容易争取过来，以支持众议院的公正观点。由于这些新州（主要指中西部地区）人口增长迅速，他们对重新分配众议员的名额很感兴趣，也会支持众议院议员人数的增加。

而且，大州还有一个宪法上绝对可靠的实现其公正目的的手段——众议院不但可以拒绝，而且可以单独提议支持政府运作所必需的开支。只有众议院才可以提起增加税收的立法，参议院没有这个权力。从这个意义上讲，众议院占有一定的上风。也就是说，众议院掌握着钱袋子，这是任何宪法和武装人民的最充分和最有效的武器，这种武器可以帮助人们获得每一次不满的救济，以及执行每一种公正而有益的措施。从这个角度来讲，也不需要担心参议院有一天会掌控众议院。

接下来，麦迪逊再次谈到了议会的规模问题，主要是讨论代议机构的规模和它的效果之间的关系。他指出，一个代议机构的人数越多，控制议程的人数就越少；人数越多，就越可能导致激情战胜理性；人数越多，无知和能力比较差的议员的比例就越大。经验表明，在为安全、地方性知识以及广泛同情人民的目的而使代议机构达到一定人数之后，每增加一个议员都会导致背离人民意见的结果；尽管政府表面上看起来更加民主，但其精神却更加寡头；尽管机器变得更大，但指挥机器运转的部分却更少，也更加隐蔽，因为只有极少数人在操纵着议会。

一个国家议会的规模究竟多大合适，一两百、两三百、三四百都可以，没有准确的人数标准。美国实行的是两院制，议员人数总共有五百三十五人，由于它们是各自开会的，因此，其规模上限就是四百三十五人。

谁来决定国会议员的选举？

根据 1787 年宪法，选举参、众两院议员的时间、地点、方式，由各州立法机关规定，国会也可以通过联邦立法来改变这些规定，但选举参议员的地点不得改变。这条规定跟联邦制有关，由于参议员来自各州，每个州两名，如果国会改变参议院的选举地点，他们就不能代表各州的利益了，联邦制会受到削弱。

有人对这一条存有异议。在他们看来，由国会拥有最后的决定权，对于州来说是一个打击，弱化了州的权力。汉密尔顿说，每一个政府都应该拥有保存自身的手段，当它受到攻击的时候它必须有能力保存自己，我们应该赋予它相应的手段和措施，否则，这个政府就会瘫痪，以致名存实亡。对于选举的自由裁量权有三种选择：第一种是完全安排在全国性立法机关，即完全由国会来决定选举参、众两院议员的时间、地点和方式；第二种是完全由各州立法机关决定，国会对于参、众两院议员的选举时间、地点和方式没有任何决定权；第三种是主要由各州的立法机关决定，但最终的权力掌握在国会手里。1787 年制宪会议采纳的是第三种，即原则上由各州决定，国会保留最后的决定权。

之所以这样做，是考虑到国会议员的决定权如果完全掌握在各州议会的手里，联邦政府可能会受到各州的支配或摆布，各州完全可以通过不向国会提供人选而使联邦政府瘫痪。也就是说，如果各州决定不选举国会参、众两院的议员，联邦政府就无法运作。因此，汉密尔顿强调，每一个政府为了保存其自身，应该拥有一些必需的手段，应该尽可能地依赖自身，防止被肢解。

反对者也许会说，参议院的组织架构本身就包含着让各州的立法机关规范联邦选举的危险，因为各州议会可以拒绝选举参议员——当时的参议员是由各州议会选举产生的，这样，就可以给联邦政府以致命的打击。既然参议院的存在本身完全依赖于各州，让各州全权规制国会的选举又何妨？况且，各州在国会里维持其代表的利益，将是防止滥用委托权力的充分保障。

对于这样的辩解，汉密尔顿的回答是，就参议院的组织很可能被各州立法机关侵犯而言，它确实是一种恶，但这是一种无法避免的恶。参议院的议员确实由各州议会选举产生，因为我们实行的是联邦制，只能这么做，否则，就不是联邦制了。如果我们再允许各州的立法机关对联邦的选举有完全的规制权，那就是恶上加恶，而这既不必要，也不会带来更多好处。联邦政府受制于州政府选举参议员的危险，不如州政府选举众议员的危险那么大，参议员任期长，且每州只有两名，他们之间的永久性联合并非易事，因为他们都代表各自的州，没有什么共同的诉求。而众议员不一样，他们任期短，每两年选一次，如果少数几个大州的领导人联合起来抵制选举，联邦众议院就会面临危机，甚至可能导致联邦解体。所以，不能让州政府拥有最终决定众议员选举的权力，否则，联邦就无法自保了。

进一步讲，各州有在国会中获得代表的兴趣，不足以防止各州立法机关滥用控制议员选举的权力，因为各州人民的利益也许与各州官员的利益不一致，哪怕各州人民支持联邦政府，各州的官员也可能为了个人的利益而反对联邦政府。因此，让各州拥有规范国会参、众两院议员选举的排他性权力，将会导致联邦的毁灭。所以，更好的安排是，规范参、众两院议员选举的最终决定权，应该掌握在国会手里，而不是在各州立法机关手里。

让国会拥有决定联邦议员选举的最终决定权，会带来什么样的危险呢？反对 1787 年宪法的人声称，让联邦拥有这项权力会让特定阶层的人当选议员而排除其他阶层的人，并且，联邦国会通过把议员的选举限定在某些地方，从而使全体公民的参与不可能。汉密尔顿反驳道，如果联邦政府真的像反对新宪法者说的那样，偏袒某个阶层或限定选举地方的话，美国人民肯定会造反，会爆发革命。由于联邦所包括的各州以及人民在各个方面都具有多样性，他们不会选举同样阶层和条件的人当议员。每个州的利益都不一样，有那么多的阶层，有那么多的利益诉求，人们怎么会选举同一个阶层的人呢？而且，联邦政府各个机构——参、众两院和总统——是由不同的方式选举产生的，不大可能同时选举某个特定阶层的人。总统是通过选举人团选举的，参议院是由各州议会选举的，而众议院则是由选民直接选举的，怎么可能选举同一个阶层的人呢？总而言之，由联邦政府（国会）规制参议员选举的时间和方式以及众议员选举的时间、地点和方式，不会影响各州选举这些议员的精神。况且，联邦比单个州拥有更加多样化的利益集团，偏袒某个特定的阶层比在某个州里更加困难。反对新宪法的人认为，选出来的国会议员可能主要是那些农场主和商人。但是，没有理由相信人们会偏爱那些土地所有者，或者拥有更多土地的阶层。同时，商业对于我们这个社会来说是非常重要的，很难想象将商人阶层排除出去而不会给这个国家带来损害。

国会也没有理由歧视性地选择选举的地点，那些有钱有势、出身良好的人也不可能都在一起。因此，国会很难操纵选举以让特定阶层的人当选。退一步讲，假如联邦政府的官员都失去了责任感，冒险行动，要干对选民不利的事儿，但是，没有军队的帮助，他们也没有办法征服人民。

还有一些反对新宪法的人主张在宪法里增加一个条款，规定所有的选举都应在选举人居住的县里举行。这样做可以防止国会把选举地定得离选民太远，让他们不便参加选举。汉密尔顿说，这样的规定不仅没必要，而且对于防止滥用权力的危险也起不到什么作用。如果选举地点对于选民不便的话，不论是二十英里还是两万英里，对其行为的影响不会有什么区别。

由联邦政府规范选举的时间、地点和方式，还有一个好处——可以促进各个地方选举时间上的统一。如果各州选举时间差别特别大，比如，这个州1月选，那个州半年之后选，将导致议员履职时间差别过大，因此，选举时间上各州应当尽可能地靠近。可能有人会说，既然由联邦规范选举时间有这样的好处，为什么不干脆在宪法里把选举议员的时间固定下来呢？汉密尔顿回答说，选举时间最好由立法机关自由裁量，而不应由宪法规定死，因为只有通过试验，我们才能知道什么时间选举议员更合适、更方便。今天，美国各州的选举时间差别不大，就像现在的总统选举一样，差不多是连着的。

参议院是如何组织起来的？

国会的另一个分支是参议院，也就是上议院。参议员的任职资格是年满三十岁，并且，成为美国公民满九年。现代政治是职业政治，政治家必须对公共事务有所了解，对整个社会有一定的认知，这就要求一定的阅历。对参议员的年龄要求更大一些，是希望这些议员能有更丰富的经验，参议院人数少，每个人在决策的时候都非常重要。

根据 1787 年宪法，国会参议员是由各州议会选举产生的，是间接选举产生，而不是直选。但在 1913 年之后，美国宪法第十七修正案改变了这一点，国会参议员选举改为直选，由各州选民直接选举产生。可以说，在美国宪政史上，这是一个非常重大的变化。

在笔者看来，这个改变是错误的，因为它导致了两院议员的产生方式没有了差别。美国"国父"们之所以搞两院制，是想实现立法机关内部的分权制衡，而这种制衡要求它们产生的方式和组织结构尽可能不一样。如果它们一样了，趋同了，相互制衡的效果就会受到削弱。二十世纪之后，进入大众民主时代以来，人们越来越喜欢直接选举，反对精英政治，无法容忍间接选举，从间接选举走向直接选举，造成的后果就是离分权制衡和有限政府越来越远。早在一百八十年前，托克维尔就在《论美国的民主》中指出过直接选举的弊端，建议更多地采用间接选举来遏制民主和平等带来的危害，显然，二十世纪的美国人没有接受托克维尔的忠告。这不能不说是一件极其遗憾的事，其不利后果将会进一步凸显出来。

参议员人数的分配方面，每个州都一样，均为两名。现在美国有五十个州，总共有一百位参议员。参议员的任期为六年，比众议员长很多，但是每两年改选其中的三分之一，也就是说，参议员的选举不是同时进行的。从参、众两院议员的产生方式看，众议员是根据人口产生的，是一种比例代表制，人口多的州，众议员就多；而参议院议员名额则是平等分配的，不论一个州的大小、人口多少，一律都是两名。可见，参、众两院的产生方式就是比例代表制加平等代表制，是一个混合机制。在某些单一制或中央集权制国家，在那些实行一院制的国家，通常只是根据人口产生议员，人口多的地区议员就多，人口少的地方议员就少。而在实行邦联制的地方，通常采用的是平等代表制，比如，美国早期的邦联时代，每个州在邦联国会的发言权都是同等的，虽然议员人数可能不同。

而美国"国父"们建立的是一个联邦共和国，一个复合共和国，采纳比例代表制加平等代表制的混合形式是最佳选择。参议院采用平等代表制意味着，宪法承认各州保留了部分主权，不管州的大小，都是平等的。而且，这种平等代表制对多数的暴政是非常重要的制约。若是完全按照人口来产生代表，人数多的州一定占上风，如果它们联合起来想要制定对人数少的州不利的法律，人数少的州是无法抵制，无法获得救济的。从这个意义上讲，参议院的设置平等代表制的制度安排，起到了削弱多数的暴政的作用，是防止多数决弊端的一种非常有效的方式。两院制的制度设计有助于防止不正当的立法，因为任何一部法律都必须同时经过这两个院的同意，增加了法律通过的难度。当然，这可能会导致一些好的法律无法通过，但是，它同时也阻止了糟糕的或者不正当的法律。

在美国"国父"们看来，设立参议院有诸多制度性的好处。第一，它和众议院一起能够起到制约政府（行政机关）的双重作用。第二，所有单一和人数众多的议会（众议院）都有激情容易占上风的倾向，因此，很有必要设置一个人数较少、任期较长且坚定刚毅的立法机构（参议院）来平衡、过滤、缓和这种激情。第三，参议院还可以弥补立法机关对立法对象和原则不熟悉的缺陷，参议员有较长的任期，可以更好地致力于研究法律、公共事务和国家的整体利益等，从而更好地履行立法职责。

麦迪逊指出，一个良好政体主要表现在两个方面：一是要确保它能够忠于人们设立政府的目的——确保人民的幸福；二是它拥有实现这个目的之最佳手段的知识。一些政府在这两个方面都有缺陷，大部分政府在第一个方面有缺陷，而美国政府通过克服第二个方面的缺陷来为第一个方面目的的实现提供保障，也就是说美国政府拥有能够实现这个目的之最佳手段的知识，让这个政府能够保障人民的幸福。

第四，在代议机构中，成员的迅速变化要求政府中存在一种较为稳定的组织，诸如参议院。人员的经常变化会导致观点或意见的经常变化，而观点或意见的变化又会导致手段和措施的变化。措施的经常变化与审慎原则和成功的期望是不相符的。也就是说，如果政府人员变化太快，他们的观点或意见也会随之变化，相应地，他们制定的政策和措施同样会变化太快，这种经常性的变化不符合审慎的要求，与人们对它的成功期望也不相匹配。

麦迪逊详细分析了政府成员经常变动引发政策变化所带来的不利影响。其一，政策经常变化会导致其他国家对你不尊重，对你失去信心，还会丧失所有民族性格方面的优势。如果一个国家的政策措施变得太快，其他国家不会尊重你，因为人家没办法预测你下一步会干什么。其二，就国内而言，政府的经常变化必然导致法律的经常变化，朝令夕改，让人们无法预期、无所适从。其三，政府或政策的经常变化，会给少数精明而有钱的人剥削多数勤劳但消息不灵通的人制造机会。频繁变化的政策和法律会给一些消息灵通的人提供投机的刺激，并从中牟利。其四，政府经常变动会导致人们不愿致力于自己的事业，因为他们无法预见自己行为的后果。同时，没有稳定的政策，社会也很难取得卓越的进步和改善。其五，政府经常变动会导致人们失去对政府的热爱和尊重。如果一个政府不能真正地令人尊重，那么，它也不会长期地受到尊重。如果一个政府没有一定的秩序和稳定性，它也很难真正地令人尊重。

第五，它可以弥补适当的民族性格（national character）意识的缺乏。没有一个精选而稳定的政府部门——参议院，全国性立法机关（国会）就没有对世界舆论的敏感和关注，而这对每一个政府都是非常重要的，因为一个政府应该向别的国家展现出英明而荣耀的政策连续性，并且，当全国性立法机关（国会）受到激情或暂时利益所左右时，它不可能以公正世界所知晓的观点为向导行事。无论如何，一个人数众多且经常变化的机关（众议院），无法胜任民族性格意识的培养，只能由一个人数少且在乎荣誉和声望的机构（参议院）来承担这一任务。

第六，经常性的选举有时候会导致政府对人民不负责任，而任期较长的参议院可以弥补这个缺陷。为了合理起见，责任应该限于负责者权力范围内的对象；为了有效起见，责任应与该权力的运作有关联。政府的权力对象可以分两大类：一类是依赖可以单独直接运作的措施，另一类是依赖众多精心选择且密切相连的措施。这后一类对象对于每个国家的整体和永久福祉都是不言而喻的。一个任期太短的立法机构难以对第二类的对象负责。因此，设立一个任期较长的参议院是非常必要的。也就是说，有一些措施是众议院可以胜任的，因为它比较简单直接，但是，还有一些措施非常复杂，相互之间有很多关联，需要谨慎的考虑、长期的决定，才有可能处理好，这就需要参议院来处理。

第七，参议院可以充当防护人民自己临时性错误和幻想的屏障。

毫无疑问，人民也会犯错误。仅仅设立众议院可能无法避免这种错误，但是，由于参议院是间接选举的，可以在一定程度上矫正或避免这种错误。麦迪逊指出，人民有时候会因为不适当的激情、非法的利益或他人的误导，而吁求对自己不利的措施和政策，因而需要一个人数较少且格外审慎的机构——参议院——对此予以矫正。比如，多数民众可能会呼吁对富人征收更多的税，短期来说可能对自己有利，但长远来看则对所有人都不利，因为这会阻碍人们创造更多的财富，尤其是阻碍企业家的创造性，减少社会的就业机会等。民众一时认识不到这种长远的利益，或者，很容易被一些政客误导，在这种时候，需要更加谨慎的参议院出来保障他们的长远利益。

麦迪逊还补充道，从历史上看，没有哪一个长期存在的共和国里面没有一个参议院。无论是古罗马还是英国，都需要这样一个机构。人民可能不会有意识地背叛他们自己的利益，但人民的代表也许会背叛他们的利益。如果立法权委托在同一群人手里，危险远大于将立法权委托给两个独立且不同的机构手里，每部法律的通过都要求这两个机构同时同意。如果一个机构败坏了，另一个机构还可以阻止，因此，两院制比一院制更加安全，更加有保障。

事实上，古代的共和国并非对代议机构一无所知，他们的宪法也没有将其完全忽略。古代共和国与美利坚合众国的真正区别在于，美国完全排除了人民作为一个集体管理政府的地位，而不在于前者完全排除了人民的代表来管理政府。也就是说，古代的共和国也有代议，它们并没有排除由人民的代表来管理政府。它们的问题在于，没有排除人民作为一个集体来管理政府，而美国排除了这一点。人民不能直接来统治，他们必须通过选举代表来统治。这是美国和古代共和国的根本区别，也是（古代）民主（直接民主）与代议制民主（共和）的区别。

反对新宪法的人认为，参议员没有经过人民的直接选举而任期六年，这样的机构很有可能会蜕变成一个专制机构。麦迪逊反驳说，自由也许会受到滥用自由的威胁，正如它会受到滥用权力的威胁一样。但是，如果参议院蜕变成一个专制机构，在蜕变之前它自身肯定先败坏了，然后还得败坏州议会，再败坏众议院，最后败坏人民大众，没有走完这些步骤，它不可能变得专制。他还指出，马里兰州的经验表明，联邦参议院不会沦为一个专制机构；英国的例子也表明，不用担心参议院会发生这种蜕变。

参议院拥有哪些权力？

根据 1787 年宪法，参议院有批准条约的权力。它规定，总统可以签署条约，但需要参议院三分之二议员的同意，条约才能生效。杰伊指出，签订条约的权力非常重要，必须委托给最能胜任的那些人，且必须以有利于公共利益的方式来委托。因为选举总统的选举人团以及选举参议员的各州议会，都是由最明智和令人尊重的公民组成的，人们有理由相信，他们选出的总统和参议员在能力和德行方面都是最出色的，能够胜任签署和批准条约这样的重要任务。

有人主张，由于条约有法律效力，应当只由拥有立法权的人来签订，总统不应该参与。杰伊的回答是，这些人忘记了，法院的判决和总统的委任状如同立法机关通过的法律一样，对所有人都有法律约束力。所有合乎宪法的权力行为，不管是行政机关做出的，还是司法机关做出的，都跟立法机关的权力行为同样具有法律约束力，因此，可以将签署条约的权力授予总统和参议院共同行使。

也有人反对赋予条约最高法律的地位，认为条约应当像议会的立法一样可以被随时变成废纸。杰伊说，条约其实就是国家之间的协议，如果不把它们看作最高法律，如果我们想要何时废止就废止，恐怕找不到任何国家愿意与我们进行交易，也不会得到其他国家的支持和尊重。

还有人说，在签订条约的时候，要求三分之二的参议员同意，是否会造成一种多数的暴政？多数压制少数怎么办？如果他们签订了不利的条约，该如何废除它们？杰伊的回答是，由于参议院实行平等代表制，每个州都有两名代表，每个州在参议院里都有同等的影响力，而且，他们是被小心谨慎选举出来的；美利坚合众国作为一个整体，整体的利益只能通过促进每个组成部分的利益来获得，根本不存在一种独立于个体利益之外的抽象的整体利益。同时，总统和参议院签订的条约同样对他们自己、他们的家人以及他们所属的阶层具有约束力。如果条约的签订有欺骗或不当行为的存在，根据国际法，条约是无效的。还有，签订条约的人会在乎自己的荣誉、声望、誓言、良知、爱国之心，以及对家庭的热爱等，这些会使其忠心耿耿，不会轻易背叛自己的国家。并且，弹劾的威胁和惩罚迫使总统和参议员行为端正，不敢轻易滥用自己的权力。

参议院的另一项独特权力是审理弹劾案件。弹劾案件审理的对象，通常是公务人员的违法行为或公共责任的滥用和违反，它们具有政治问题的性质。汉密尔顿指出，参议院是最合适的审理弹劾案件的机构，他们能够最好地辨明事务固有的困难，因而在指责那种观念时最不轻率，且最倾向于给各种论点适当的分量。人们会同意，启动弹劾案由一个立法分支机关进行，那么，审理案件就应该由另一个分支机关来进行，而非由同一个机关启动和审理。英国以及一些州宪法上都是这么规定的。

有什么机构比参议院审理弹劾案件更合适呢？弹劾案的一方是个人（被告），另一方是人民的代表——众议院（原告），有谁比参议院更有信心捍卫正义呢？也许有人会说，为什么不让最高法院来审核弹劾案呢？汉密尔顿说，对于如此困难的一项任务，最高法院可能不具备必要的坚韧和刚毅，也缺乏必要的信任和权威来审理这种由人民的代表提起的诉讼。这对被弹劾者来说是致命的，而且可能危及公共安宁。因此，应当由一个人数更多的机构来审理弹劾案。同时，由人数众多的法庭来审理弹劾案，也是程序本身的性质决定的。弹劾案不受严格规则的束缚，不像法官审理普通的案件一样；在弹劾案中，也没有陪审团，审理弹劾的法庭拥有极大的自由裁量权，结果或者是给这个国家当中最受人信任和最卓越的人物恢复名誉，或者使他们身败名裂，而这种重大的任务不适宜交给一个人数太少的部门（法院）来进行。

汉密尔顿强调，还有一个反对最高法院审理弹劾案的理由是，弹劾案的审理结果并没有穷尽对被弹劾者的惩罚，而仅仅是将当事人的荣誉和报酬等剥夺，然后，他照样可以由法院来起诉和惩罚。也就是说，弹劾只是第一步，弹劾只是把当事人的职位和报酬等拿掉，如果涉嫌违法犯罪，可以继续由法院来审理，这是两个不同的步骤、两个并行不悖的过程。如果是这样，由同一群人审理这两种案件显然是不合适的，也就是说，不能在弹劾的时候由法院审理，在司法起诉的时候再次由这个法院审理。前一种案件中的错误会不会成为第二种案件中错误的根源？一个裁决中的强烈偏见会不会支配新的事实——而这些事实或许可以改变另一个裁决的局面——的影响？让同一群人审理这两种案件，将会剥夺被告应当在双重审判中享受到的双重安全保障。意思是说，如果被弹劾者没有违法犯罪，只是行为不端，把他的职位拿掉就够了，但是，如果让最高法院审理弹劾，很有可能把案件中的非法律问题转化成法律问题，进而对他进行法律上的审判，这是比较危险的。也许会有人说，在第二种案件中可以由陪审团抵消这种危险，但是，陪审团经常受到法官意见的影响，恐怕难以避免偏见。

还有人提出，应由最高法院和参议院共同审理弹劾案。但是，汉密尔顿说，前面所说的不利影响依然无法消除。在新宪法里，通过让最高法院首席大法官来主持审理弹劾总统的案件，事实上在某种程度上采纳了二者联合在一起审理弹劾案的想法，既获得了部分联合所带来的好处，也避免了完全联合所带来的坏处。在总统遭到弹劾的情况下，最高法院首席大法官主持审理弹劾，但在弹劾其他公职人员的时候，并没有最高法院法官的参与，因为审理遭弹劾的总统是非常重大的事，有必要让司法部门的人也参与进去。

还有人提出，设立一个完全独立于政府其他部门的弹劾案审判法庭是不是可行？汉密尔顿认为，这样的法庭必然花费良多，因为需要雇用一干人马，而且也不能保证比参议院的审理更加公正。没有理由相信，设立一个专门的弹劾案审理机构能够比经过选举产生的参议院更加出色。退一步讲，即使可以设计出更适当的审理弹劾案件的机构，也决不意味着应当为此而拒绝新宪法，因为，如果人类只有当政府机构的每一部分都达到完美时才设立政府，那么，社会不久就会陷入无政府状态，整个世界将变成一个沙漠。他的意思是说，即使现在的制度设计不完美，我们也不能再等了，不能等到完美的宪法设计出来之后再设立政府，那样的话，我们可能很快就会进入无政府状态了。

反对由参议院审理弹劾案的理由之一是，这种设计将立法权和司法权混合在一起，背离了三权分立原则。它的意思是，参议院是立法机关，不应该让它来审理案件。汉密尔顿的回答是，前面已经说过，三权分立并不意味着三权之间完全独立，毫无关联，而是可以并且应该有部分的混合，为了互相制约，这是必需的。由行政权对立法机关的法案进行绝对或有条件的否决——总统可以有条件地否决立法，体现了行政权对立法权的制约；而由立法机关提出和审理弹劾案，体现了立法权对行政权的制约；由立法机关的两个分支分别行使提起和审理弹劾案的权力，又可以避免同样的人同时充当起诉者和审判者的不当，而且，还可以防止立法机关的任何一个分支因为派系分歧而清洗他人的危险。如果众议院想弹劾总统，同时交给它审理弹劾，那么，既发起弹劾又参与审理，总统肯定会被拿下。但交给参议院审理的话，很可能就阻止了这样的清洗，程序是更加安全和稳妥的。

第二个反对由参议院审理弹劾案的理由是，给了参议院过多的权力，使它更加贵族化。汉密尔顿回答说，在新宪法中，众议院在很多方面都可以制约参议院的权力，比如，只有众议院才能提出关于增加税收的议案，只有众议院才可以启动弹劾，并且，当总统选举中不能出现过半数的时候，由众议院充当仲裁人，决定谁当总统。也就是说，众议院在很多方面可以制约参议院，不用担心赋予参议院审理弹劾案的权力。

第三个反对参议院审理弹劾案的理由是，因为参议院参与任命官员，又让它审理弹劾这些官员的案件，参议院可能会滥用权力，成为纵容的"法官"。汉密尔顿的回应是，尽管参议院有批准总统提名的权力，但是，参议院只能对总统提名的人选提出赞同或反对，而不能自己提出人选。这在很大程度上限制了它的权力，也就是说，总统的提名权也对参议院批准的权力构成了制约，因为它只能在这个范围内批准或不批准。

第四个反对参议院审理弹劾案的理由是，参议院和总统共同拥有签订条约的权力，如果参议院滥用这种权力，该怎么对参议院自身进行弹劾和审理？汉密尔顿指出，宪法中防止滥用缔结条约权的手段，主要是通过行使这种权力的人的数量和人品来实现的，也就是，总统加上参议院三分之二参议员的联合行动，才能缔结条约。难以想象对三分之二的参议员同意一个不适当的条约而进行弹劾和处罚，正如无法想象对众议院的多数同意一部有害的或违宪的法律进行弹劾和处罚一样。也就是说，如果众议院同意了一部法律，而这部法律违反了宪法，那么，是不是要弹劾众议院的多数议员呢？事实上，众议院中的多数如何弹劾他们自己？同样，三分之二的参议员如何审理他们自己？根本就不可能存在这种对多数议员进行弹劾和审理的设计。

事实上，参议院的成员以集体的身份采取的行动，应当免受处罚，因为这对于那个代议机构自由和独立行使权力都是必需的，对社会的安全保障必须依赖于审慎地将责任委托给适当的人，使其有动力忠诚地履行责任，尽可能使其无法违反公共利益。意思是说，我们在选举这些人的时候，应当尽可能地谨慎，防止他们滥用权力，但是，我们无法设计一种制度安排来惩罚多数议员的集体行动。当然，如果议员们制定的法律或做出的决议违反了宪法，法院是可以宣布它违宪的，通过这样的方式阻止违宪的法律得以施行。不能因为议会制定的一部法律很糟糕或违反宪法，而对这些议员进行弹劾并进行处罚，这样的政府根本无法运作。从这个意义上讲，弹劾的对象和理由是特定的，不能对政府中的任何人在任何情况下都可以进行弹劾。

第九章 总统拥有帝王般的权力吗?

美利坚合众国的总统可以被弹劾、审判,并且在证实其犯有叛国、受贿或者其他严重罪行或轻微违法行为时,被解除职务;此后,还可以根据通常的法律程序对其起诉和惩罚。

——汉密尔顿(《联邦党人文集》第六十九篇)

总统是如何产生的？

美国政体中的三权之一是行政权，由总统行使。今天，总统的地位相当显赫，甚至被认为拥有帝王般的权力，美国政体也经常被称为"总统制"，与"议会制"适成对照。那么，美国总统到底拥有什么样的权力？他是如何产生的？其任期如何？

在1787年宪法起草完毕之后，不少人对涉及总统权力的条款颇有微词，尤其是对宪法第二条第二款第二项的规定。它的内容是：总统有权"提名并经参议院同意，任命大使、其他公使、最高法院法官，以及本宪法中没有规定而会根据法律设立的合众国所有其他官员"。紧接着，第三项又规定："总统有权通过委任状填补在参议院休会期间出现的所有官员空缺，此等委任状将在参议院下一次开会结束时终止。"

不少反联邦党人对于这样的规定有意见，他们担心总统可以绕过参议院认命高级官员，也有人误以为总统可以任命参议员。对此，汉密尔顿指出，他们误解了此种规定的含义。首先，第三项仅仅是对第二项的补充，第二项是适用于一般情形（大多数情形），而第三项只适用于特殊情形，那就是，只有在参议院休会期间，总统才能无须参议院之同意而任命空缺的官员，而这种任命只是临时性的，必须在参议院下次会期结束时终止。其次，第三项仅仅适用于任命大使等官员，而不适用于任命参议员，实际上，总统根本无权任命参议员。再次，第三项规定总统任命空缺必须是在参议院休会期间，而且任命的期限是到参议院下次会期结束时止。这意味着，总统决没有权力任命参议员，否则，本项内容应该强调总统的任命权是在各州议会休会期间，因为参议员来自各州议会的选择。最后，宪法第一条第三款第一、二项的规定明确指出参议员由各州议会选举，且在空缺时由各州州长任命。这有助于打消总统有权任命参议员的任何疑虑。

那么，总统是如何产生的呢？众所周知，总统是通过选举人团由各州选民间接选举产生的，选民先选举选举人团的成员，然后，这些成员再投票选举总统。根据汉密尔顿的说法，对于总统的产生方式，至少需要考虑五个因素。第一，总统这个职位非常重要，让人民在选举它的问题上扮演某种角色是十分必要的，人民有权选举一个为了特定的目的而组织的团体——选举人团——成员。也就是说，人民的作用体现在他可以选举选举人——选举人团的成员，选举人再投票选举总统。第二，不应由选民直接选举总统，而应由最有能力辨析总统任职资格的人且在适于商谈的情况下进行选举。这样，先由选民选出来一小群人，再由这些人选举总统比较合适，因为他们最有可能拥有判断如此复杂事务的必要信息和智慧。第三，尤其重要的是，选举总统应尽可能少地给社会带来震荡，尽可能少地引发骚动和混乱。如果由选民直接选举某个人当总统，那么，这个人就会成为公众期望的目标。如果由选民选举若干个选举人团成员，再由他们来选总统的话，对社会造成的震动会小于由选民直选总统。而且，由于选举人团的成员是由各州分别选举产生的，有助于减少因选举而给整个国家带来的狂热和骚动。

第四，更加重要的是，在选举总统的问题上，应当尽可能防止阴谋诡计和腐败堕落的发生。在制宪会议上，起草者对此进行了精心的考虑和安排，比如，选举人的产生是临时性的，而且仅仅是为了选举总统；还有，参、众两院的议员以及任何拥有公职的人都被排除在选举人团之外，并且，选举人分散在各州，想要腐化或误导他们也很困难。值得一提的是，每个州选举人的数量跟该州在参、众两院的议员人数相等。比如，某个州的参、众两院议员加起来是三十名，那么，该州的选举人团人数也是三十人。第五，总统在任职期间应该独立于人民的意志，否则，可能会导致他过分讨好支持他的选民，从而不能恰当地履行职责。

这些都可以视为间接选举总统的优点。首先，每个州选择人数等同于参、众两院议员人数的选举人。然后，这些选举人在各州集会投票选举总统，接下来，将选举人的投票转移到联邦政府所在地，超过半数选票的候选人当选为总统。如果没有一位总统候选人得票过半数，根据美国宪法的规定，由众议院从得票最高的五位候选人——后来改成了三位——中选举产生，得票最多的当选。

现在，选举总统的选举人一共是五百三十八位——参、众两院的人数是五百三十五人，再加上哥伦比亚特区的三人。哥伦比亚特区在国会里没有自己的议员——仅在众议院有一位不能投票的代表，但根据宪法第二十三修正案，特区可以有跟人口最少的州一样名额的选举人——目前是三位。这样，获得二百七十张选举人票的总统候选人，就能当选总统。但是，绝大部分州都是赢者通吃——只有两个州（缅因州和内布拉斯加州）例外，也就是说，如果一位候选人获得了某个州的多数选举人票，就获得了该州所有的选举人票。比如，一个州有三十张选举人票，某候选人获得了十六张，那他就获得了所有三十张选票。

副总统的选举方法与总统基本一致，唯一的区别在于，在选总统的时候，如果没有一个候选人票数过半，则由众议院投票决定。而在选副总统的时候，如果候选人的票数没有过半，则由参议院投票决定。但是，在制宪会议上，也有人提议，由参议院选举一位参议员充当副总统。汉密尔顿反驳了这种想法，他指出，第一，从参议院中选一个人当副总统，若此人同时充当参议院的议长，那么，这容易导致他跟其所在的州进行表决交易，因为每个州在参议院中都有两名议员，如果其中一位参议员当上了副总统和议长，那么，该州就只剩下一个表决机会了，通常情况下议长在参议院里是不能投票的，只有在僵局的情况下才能投票。第二，为什么选副总统也应该实行总统选举一样的程序呢？因为副总统有时候也会代行总统的职权，选举程序应当一样严格。比如，总统生病或遇到其他紧急情况不能行使总统职权时，则由副总统代理行使。

总统的权力堪比英王吗？

1787 年宪法制定后，有人担心，总统的权力太大了，跟英国国王没什么区别，可能成为帝王般的总统。汉密尔顿仔细比较了美国总统和英国国王的权力，并反驳了这种看法。第一，美国总统任期是四年，可以连选连任。而英国国王则是终身任职，是世袭的，不存在选举问题，没有任期。第二，美国总统是可以被弹劾、被审判的，如果他犯了叛国或者其他严重罪名的话。而英国国王则是神圣不可侵犯的，不存在会犯罪的问题。英国法律史上长期有一句谚语，叫作"国王不会犯错"（The King can do no wrong）。即使他犯了错，也没有任何地方可以审判他，法庭是不能受理的。这跟总统完全不一样。第三，美国总统拥有附条件的否决权，即对于国会的立法，可以行使否决权，但是，如果参、众两院再以三分之二的多数重新通过法律后，总统的否决权就无效了。也就是说，总统的否决权是有条件的，不是绝对的。比较而言，英国国王的否决权是绝对的、无条件的，可以彻底阻止一个法律的通过。

第四，美国总统是三军总司令，但只能在特定情况下可以命令民兵组织。而英国国王，不仅是三军总司令，在任何情况下都可以对民兵组织发号施令，甚至可以招募军队并对外宣战。根据美国宪法，招募军队和宣战的权力都属于国会，总统无权染指。第五，美国总统在三分之二参议员同意的情况下，可以跟外国缔结条约。而英国国王可以单独同外国缔结条约，不需要英国议会的同意。第六，美国总统有权接见外国大使及其他官员，有权根据参议院的建议批准任命大使、其他使节、联邦法院法官以及所有其他根据法律产生的联邦官员。而英国国王不仅可以任命所有官员，还可以创设新的职位、授予爵位等，无须议会同意。第七，美国总统不可赋予任何人任何特权，而英国国王则可以赋予外国人公民权，可以赋予平民贵族头衔，可以设立公司等。第八，美国总统无权确立关于贸易或货币的规则，而英国国王则有权规制贸易、度量衡以及铸币等。第九，美国总统不是美国的宗教领袖，而英国国王是英国国教的最高领袖。

毋庸置疑，从这九个方面来看，美国总统的权力的确无法与英国国王相提并论，1787 年宪法并没有确立一个帝王般的总统。当然，今天的情形已经发生了变化，不仅总统，整个联邦政府的权力都扩张了。从美国内战开始，联邦政府的权力变得越来越大，一方面通过修改宪法，另一方面通过对宪法某些条文的解释，逐步完成了这种扩张。美国总统在国内外事务中的积极角色和重要地位，也使得人们认为他拥有帝王般的权力。尽管如此，美国政府依然是一个有限政府，其权力仍然受到宪法的约束，其分权制衡的基本架构仍未改变，虽然它的权力离"国父"们的理想似乎越来越远。

而且，就总统的权力和另外两个机构——国会和联邦法院——的权力相比而言，总统并没有压倒性的优势，其权力仍然受到另外两个机构的有力制约，国会对总统的弹劾权以及联邦法院对总统的司法审查权仍然能够有效地发挥作用。那种认为今天的美国总统可以为所欲为或者不受约束的看法，是错误的。长期以来，人们将美国的政体称为"总统制"（presidential system），让人误以为，总统的权力高于国会和联邦法院，其实，三者是平起平坐的关系，不存在高低之分，更没有隶属关系，否则，就不可能在这三个机构之间实现分权制衡，就不可能防止一权独大。严格而言，应当将美国的政体称为三权分立制，美国的"国父"们从未将其称为"总统制"，这一名称是后来学者们的称呼，以区别于以英国为代表的议会制（parliamentary system）——威斯敏斯特模式。

为何总统应当由一个人当？

1787 年制宪会议的一个重要目的是确立一个充满活力的行政首脑（总统）。但是，有人认为，一个强有力的行政首脑是与共和政体精神相悖的。汉密尔顿的回应是，行政首脑的活力是优良政体的首要品质，它不仅对于防范外敌入侵、保卫家园，而且对于有效地执行法律、保护财产以及捍卫自由，都是十分必要的。弱行政首脑意味着弱行政，而弱行政意味着坏行政，而坏行政则意味着坏政府。对于一个行政首脑来讲，其活力应该包括几个方面：第一，行政权力应当由一个人行使，或者说，行政首脑必须是单一的；第二，行政首脑的任期必须足够长，而且可以连选连任；第三，他应当有充分的收入和报酬；第四，他必须有足够的或者适当的权力。只有具备这四条，总统才可能有活力。当然，为了防止总统的职权背离共和政体，一方面必须让他适当地依赖于人民，另一方面也要让他承担相应的责任。

总统由一个人来担任有助于让行政首脑充满活力，总统的职位和权力需要具备决断、活跃、秘密、迅速的特性，由一个人充当总统才能满足这样的要求。有人主张设立一个行政委员会，由它来行使行政权力，或者由几个人同时充当行政首长。汉密尔顿反驳了这种看法。他说，在两个或两个以上的人从事一项共同事业时，总是存在着观点不同的危险。如果让两个或两个以上的人共同履行一样的公共责任，二者极容易相互争斗，甚至互相敌视。人性决定了让两个以上的人拥有同一种职务会带来很多麻烦，人们的自负、固执会导致他们无法处理好公共事务。行政权跟立法权不同，人数太多会导致不便，影响行政权的活力。立法机关需要的是讨论、商议和博弈，而行政机关需要的是效率、果断和活力。

汉密尔顿指出，由多个人担任行政首脑的最大问题在于容易隐藏错误和破坏责任，因为在两个人以上充当总统的情况下，人们很难发现责任究竟在谁身上，因而无法追究。这是集体责任制的普遍问题。由几个人共同担任总统会失去人们防范行政权力滥用的两个最重要保障：一是公共舆论对权力的限制作用，二是发现责任人不当行为的机会。在一个共和国里设立一个行政委员会，不仅没有好处，还会削弱行政首脑应当承担的责任。共和政体的一个基本原理是，权力在多个人手里比在一个人手里更安全，但这个原理并不适用于行政权，因为行政权很特殊，它要讲究效率、决断、迅速等。事实上，当行政权在一个人手里的时候，我们更容易限制他，因为容易分清责任。希望通过由几个人共同行使行政权来防止其滥用，是不切实际的想法，因为数量必须得足够大才能让他们之间的联合变得困难。如果只是几个人联合充当总统，可能会带来更大的危险，因为几个人很容易为了自己的利益而联合起来干坏事。这种联合比单个人行使行政权更可怕。

总统的任期应该多长？

众所周知，根据 1787 年宪法，美国总统的任期是四年，可以连选连任。为什么要这样规定？汉密尔顿说，总统的持续任期对他的活力而言有两个好处：一是可以增加他行使宪法权力时个人的坚毅，二是有助于整个行政体制的稳定性。人性的一个普遍法则是，一个人越是对某件事物可靠保有，就越是对拥有它感兴趣，如果一个人只是短暂地或者不确定地拥有某事物，他不会对其产生强烈的兴趣。这类似于财产所有权。

有人提出，行政首脑应当温顺地服从于人民或立法机关，以防止其滥用权力。汉密尔顿的回答是，这是一种非常错误的观念，共和政体的原理要求审慎考虑那些受托处理公共事务的人的行为，但是，这并不意味着，这些人必须无条件服从每一股突然的民众激情或人们从一些爱耍阴谋诡计之人那里获得的每一次短暂冲动。的确，人民通常追求公共利益，但是，他们也会犯错误。行政机关遵守法律是一回事，而让它依赖和服从立法机关是另一回事。让它遵守法律，是一个良好政体的基本原则。但是，如果让它服从于立法机关，则违反了优良政体的原则。在共和政体下的议会里，人民的代表有时会幻想地认为，他们就是人民自己，因而对其他机关的反对和抵制很不耐烦且十分厌恶，以至于行政权和司法权的行使，仿佛是对他们特权和尊严的冒犯，他们经常试图控制其他机关。由于他们经常有人民的支持，因此，其他机关对他们的制衡努力总是十分困难的。

有人认为，总统的任期不能太长。但汉密尔顿说，总统任期太短，会使总统没有动力去挑战不便或危险，特别是立法机关。其次，由于立法机关对人民的影响非常大，那么，一位抵制议会恶劣法案的总统可能因为议会的反对而无法重新当选。四年的任期既可以让行政权变得坚毅起来，也可以防止其对公民权利和自由的侵犯。总统的任期与行政制度的稳定性密切相关。行政机关人员的经常变动，会导致整个行政管理丧失尊严和发生破坏性的变化。

为什么总统应该连选连任？这样做有几个好处。第一，可以使总统扮演好自己的角色，履行自己的职责。第二，使整个社会有时间观察总统的政策措施，进而评估他的优点和缺点。第三，当人们赞同或支持总统时，应当使其能够继续发挥其天赋和德行，确保行政管理的长期连续性。

有人主张总统任职一定时间之后，应该将其临时或永久性排除在外，不能再竞选了。汉密尔顿从五个方面分析了不让总统连选连任的坏处。第一，拒绝让总统临时或永久连任会削弱总统端正品行的动机。如果不让其连选连任，总统可能对自己的职位马马虎虎，不认真履行职责。第二，不让总统连选连任，可能会引诱总统在任职期间变得贪婪，侵吞公财，甚至在一些情况下会篡夺权力。第三，不让总统连选连任，导致总统在任职期间积累的经验得不到充分利用。第四，不让总统连选连任，导致在一些紧急情况下，把那些能够获得人民信赖，对公共利益以及安全极为重要的人物排除在外。第五，不让总统连选连任，会破坏行政管理的稳定性。因为总统职务的变化，必然会导致一些政策和措施的变化。

当然，总统可以无限期连选连任这一点，已经被宪法第二十二修正案改变了，现在的总统只能连任一次，也就是说，最多可以干两届。开国总统华盛顿当了两届总统之后主动放弃连任，这在此后一个多世纪里形成了惯例，直到富兰克林·罗斯福总统打破了这一惯例，四次连任，而且死在了任上，这导致了第二十二修正案的出台。

为何赋予总统否决权、赦免权和缔约权？

为了确保总统有活力，应当赋予其足够的权力。根据宪法，总统对国会的立法拥有附条件的否决权。这是十分必要的。如果没有这种否决权，他很难自卫，很难防止来自国会的侵犯。比如，国会制定一部对总统不利的法律，如果没有否决权，总统很难抵御。不久之后，他可能会丧失所有的权力，最终导致立法权和行政权集中于同一群人手中，违背分权制衡原则。总统的否决权不仅充当其自身的保护伞，而且提供了一种额外的防范不当立法的保障。赋予总统对立法的否决权，不是因为总统更加英明，更有德行，而是因为立法机关不可能不犯错误：立法机关对权力的热爱可能会侵犯政府其他部门的权力，立法机关中的派系精神可能会使审议误入歧途，立法机关可能会做出一些草率的决定等。

也许有人会说，总统的否决权既可能阻止恶法，也可能阻止良法。汉密尔顿则认为，持有这种看法的人，不理解法律时常变动所造成的恶果。总统否决权的好处多于坏处，因为它有助于更大的立法稳定性，阻止几部良法的坏处，可以通过阻止许多恶法的好处来弥补。也就是说，总统的否决权可能会让一些好的法律被否决，但是，它也防止了更多的恶法，总体而言，利大于弊。当然，没有制度安排是完美的，否决权完全可能把一些好的法律牺牲掉。而且，由于立法机关的优势和影响力，总统的否决权不会轻易使用，而是会很谨慎地使用。更何况，国会还可以通过三分之二的同意，否决掉总统的否决，总统在行使否决权时一定会审慎地考虑这些因素，不会贸然行动。比较而言，总统不行使否决权的危险，远远大于他行使得太频繁所造成的危险。

根据宪法，总统享有一项特殊的权力——赦免权，就是对违法犯罪的人员免除刑罚和特赦的权力。有人认为，赦免权应当赋予国会，而不是总统。但是，汉密尔顿指出，赦免权应当赋予总统一个人，而不是一群人，因为单个人更容易有责任感，从而更容易倾听要求缓和严厉法律惩罚的呼声，并且，当他考虑到他人之命运系于他的一个命令时，便会更加审慎地行使此种权力。还有人主张，总统在对叛国罪进行赦免时，应当经过国会或其中一个分支的同意。汉密尔顿同样反驳了这种看法，他指出，首先，由一个审慎明智的人来行使对叛国罪的赦免权，可以更好地平衡支持或反对赦免处罚的动机。其次，当叛国罪触犯众怒时，多数派可能会固执地或无情地反对赦免。再次，赦免权通常在一些紧急关头行使，主要是用来安抚反叛者，而立法机关难以胜任这种时间要求严格的工作。也就是说，如果要让国会同意，则意味着它要开会讨论，甚至讨价还价，而这肯定会拖延时间。

1787 年宪法还赋予了总统缔结条约的权力，但需要参议院三分之二出席的议员批准。不少人反对宪法赋予总统缔约权，意见主要有五种。第一种反对意见认为，总统的缔约权规定，将立法权和行政权混在一起，背离了分权制衡原则。这种看法认为缔结条约的权力是一种立法权，不应由总统行使。第二种反对意见认为，缔约权应单独由总统行使，不应经过参议院的同意。这种看法实际上主张效仿英国模式，让总统像英国国王一样独自行使此种权力。第三种反对意见认为，缔约权应当单独由参议院行使，总统不应该参与。第四种反对意见认为，应当由众议院来分享缔结条约的权力。第五种反对意见认为，应该改三分之二出席的参议员为全体参议员的三分之二。

汉密尔顿一一回应了这些反对意见。他说，第一，缔约权既不是立法行为，也不是执法行为（行政行为），而是同外国订立的建立在诚信基础上具有法律效力的契约的行为。条约不是主权者为臣民确立的规则，而是主权者与主权者之间订立的协议。因此，让总统和参议院一起订立条约，不是将立法权和行政权混合在一起，不是对三权分立的背离。

第二，让总统独自拥有缔约权是不安全且不适当的，因为一个普通公民通过选举登上总统宝座之后，想到不久以后又要回到一个普通公民的地位上去，他很可能受到为了利益而牺牲责任的诱惑，而这需要极好的德行才能抵制住。一个贪婪的人可能为了攫取财富而背叛国家，而一个野心勃勃的人可能为了自身的膨胀，在外国的帮助下牺牲本国人民的利益。因此，让总统一个人拥有完全的缔约权，风险是很大的。

第三，由参议院单独享有缔结条约的权力也不合适，原因在于：（1）总统将不能在外交事务中发挥应有的作用；（2）外国对参议员的尊重和信心，可能不会像对待总统那样，因而在影响或效果上讲，将会略逊一筹；（3）人民将会失去总统合作参与外交事务的一种额外保障；（4）总统参与缔结条约大大有助于社会的安全；（5）总统和参议院一起行使缔结条约权，比任何一方单独拥有这种权力都更加安全；（6）总统的智慧和正直将会使其参与缔结的条约更加合理。

第四，缔结条约的权力不应该由众议院来分享，因为众议院的人数太多，而且它变化太快，众议员任期只有两年，而且，这些人都不具有全面准确的外交知识，难以稳定系统地坚持同样的观点，缺乏对民族精神的良好而一致的敏感以及决断、秘密和迅速行动的特点。

第五，签订条约时，用参议院组成人员的三分之二来代替出席参议员的三分之二，没有太大的意义，反而会导致决策的困难，因为这样的要求，有时候需要接近全体一致同意才能签订条约，难度相当大，交易成本会增加。

为何要让总统拥有任命权？

总统的重要职权之一是任命高级官员、大使以及联邦法官等。有人认为，任命权不应该赋予总统，而应由国会或委员会享有。汉密尔顿指出，与一群拥有同等或者更佳洞察力的人士相比，单个拥有洞察力的人更适合分析和评估适合特定职位的资格条件。比如，一个人是否适合当法官，能不能胜任，单个人比一群人有更好的判决力。单个人享有任命权的好处包括，他会有更强烈的义务感，更在乎自己的声誉，他会努力发现更合适的人选，更少依赖自己的情感，更不容易受朋友关系的影响等。如果总统任命了一个很糟糕的人当法官，那么，他的名声会受到很大的影响。如果由国会来任命一个水平很差的法官，则无人为此承担责任，无人感受到自己的名声受损，因为国会议员太多。倘若总统任命与自己亲近的人，他的任命可能不会被批准，他必须慎重考虑，否则，自己的声誉会受到损害。

汉密尔顿说，如果让一群人来行使这种任命权，其弊端是显而易见的。那就是，私人和党派的偏见会比较盛行，偏私和敌对的情绪存在，党派的胜负和妥协可能会压倒对候选人内在品质的考虑，能够让党派投票权统一起来的条件会压过胜任某项工作的资格条件，党派之间也可能互相交易。也就是说，同一党派的人会联合起来，为了在票数上能够压过对方，哪怕某个人选不合适，也会任命他。而且，党派之间倾向于相互交易，这次任命你们党的一个，下次任命我们党的一个，当事人是否胜任以及是否最佳人选就变得不那么重要了。

新宪法中规定的总统任命权，附加着一个条件——需要参议院的同意。虽然总统可以提名任何人，但是，他并不能一个人最终决定这个人选，无论是任命大使，还是法官，他都没有最后的决定权，决定权其实是在参议院手里，但是，参议院也面临着一个限制——它只能就总统提名的人选进行批准或否决，而不能选另一个人。也就是说，总统和参议院双方，一方面要合作，另一方面还有个相互牵制的问题。需要参议院来合作任命的理由在于，它能够起到一种无声的作用，可以很好地制约总统的裙带精神，阻止总统根据偏见、家庭纽带、个人情感或流行程度来任命不合适的人选。并且，这种安排还可以在一定程度上确保行政管理的稳定性。

反对总统和参议院共同行使任命权的人指出，总统通过提名权的影响，也许可以迫使参议院接受其看法，接受其提名。汉密尔顿回答说，我们在进行制度设计的时候，特别是设计一个共和政体的时候，既不能假定人性是完全腐化堕落的，也不能假定人性是完全正直无私的。这两种假定都是错误的。美国采纳代议制度，意味着承认人性中有看重德行和荣誉的成分，而这成为人们对有权者信任的合理基础。也就是说，我们不能假定人性完全是恶的，因为那样，我们就不可能通过选举代表来治理这个国家，我们根本不可能信任他们，不可能把权力交给他们。我们之所以通过选举代表的方式来进行治理，是因为我们对人性有着一定程度的信任。经验表明，这种人性观是站得住脚的，即使在最腐败政府的最腐败时期，我们也能够找到德行和荣誉的存在。尽管总统可能偶尔会左右参议院中的个别人，但是，他要想收买整个参议院，恐怕是不可能的。此外，宪法上还规定了防止总统影响立法机关的一些措施，比如，国会议员不得同时被总统任命为行政官员，任何行政官员也不得同时成为国会议员等。

　　当然，总统对国会的影响无法完全消除，但并不会对分权制衡造成严重的冲击。如果国会的多数与总统是一个党派的，总统的意见和决策可能会对国会议员的影响较大，但是，如果国会的多数与总统不是一个党派的，则总统的影响会比较有限。而且，由于国会的两个分支之间还有分权制衡，除非两院的多数都与总统属于一个党派，否则，总统对国会的影响不会太大。即使出现了这种局面，也不必担忧，因为还有司法机关制约总统和国会，如果他们的立法或政策违反了宪法，联邦法院可以行使司法审查的权力。法官和法院的独立地位，确保了无论是总统还是国会都无法干预其裁决。不过，也有很多人存在着另外的担心，那就是，总统和国会之间的相互制衡，可能会使政府出现僵局，出现停摆状态，甚至出现瘫痪局面。这种情形有可能会出现，但是，这根本不是放弃分权制衡的理由，正如不能因噎废食、不能因为言论自由可能导致诽谤造谣而将其禁止一样。理论和经验均表明，分权制衡的好处远远大于其坏处。

　　汉密尔顿进一步指出，如果由一个委员会（比如参议院）享有任命权，不论它是如何构成的，都将是一个秘密会议，小集团和阴谋诡计将会充分地展现出来，因为委员会的每一个成员都有自己的亲朋好友，互相满足的愿望就会产生投票和职位的可耻交易，一个人（总统）的私人关系也许很容易得到满足，但是，十几个或几十个人的私人关系的满足，恐怕会导致政府主要职位的垄断，垄断在几个家族手里，直接导致贵族制或寡头制。意思是说，如果由一个委员会来行使任命权，那么，结局必然是成员之间为了自己的亲朋好友而相互交易、任人唯亲，垄断公共职位，出现寡头倾向。而且，这种做法会大大增加成本，增加在分配公共职位时的裙带关系和阴谋诡计，削弱政府行政的稳定性，降低对抗行政机关不当影响的安全保障。

也有人主张，让众议院和总统一起行使任命权。汉密尔顿反驳说，对于人数众多并且频繁变化的众议院来说，让它行使这种权力不可避免地会牺牲稳定性，导致无限期的拖延和尴尬的局面。众议院人数众多，需要讨价还价，交易成本很高，达成一致十分困难，可能迟迟也任命不了一个合适的人选。而且，众议员的任期只有两年，人员频繁更换，不利于行使任命权。

除了任命权之外，总统还享有忠实执行法律的权力、向国会发表国情咨文的权力，以及在紧急情况下召集国会开会的权力等。

第十章　如何确保司法机关的独立地位？

司法机关的完全独立对于一部限权宪法（limited constitution）而言，是至关重要的。关于限权宪法，我指的是，它包含特定具体的对于立法权的限制，诸如，不得通过褫夺公民权、溯及既往以及类似的法律。此种限制除非通过法院之外，无法在实践中得以落实，法院的职责必定是宣布所有违反宪法精神的法律无效。舍此，所有对特定权利或者特权的保留都毫无意义。

——汉密尔顿（《联邦党人文集》第七十八篇）

为何法官应当终身任职？

　　跟立法权和行政权相比，司法权的性质非常特殊，它具有中立性、消极性、被动性等特点。在汉密尔顿看来，与其他两个机关相比，司法机关是"最不危险的部门"（the least dangerous branch），因为它的权力非常小。行政机关不仅分配荣誉，而且掌握着枪杆子——总统是三军总司令；立法机关不仅掌管着钱袋子——只有国会可以立法征税，而且有权确立规范公民权利和义务的规则（立法）。相反，司法机关既无法影响枪杆子或钱袋子，也无权决定整个社会的力量和财富，无权主动做出任何决议。完全可以说，它既没有强力（force），也没有意志（will），而只有判断或者裁判（judgment）。并且，即使其裁判的效力，最终还必须依赖行政机关的帮助。也就是说，法院判决的执行，还得靠行政机关。

　　可见，司法机关在三个机关中是最弱的，它不可能成功地攻击另外两个机关，因此，最重要的是确保它在受到另外两个机关的攻击时保卫自己。尽管法院也许偶尔会在个案中做出糟糕的判决，压迫个人——比如支持奴隶制，但它不可能整体上对人们的自由构成威胁，只要法院能够和立法、行政机关保持真正的分立。但是，如果法院和其他任何一个机关结合在一起，就完全有理由担心这种结合会对自由构成威胁了，而且，这种结合一定是由于法院对其他机关的依赖所形成的。由于法院有天然的脆弱性，它被其他机关压倒、恐吓或左右的危险一直都存在，因此，没有什么比司法独立更重要的了。

那么，如何来确保司法独立呢？汉密尔顿说，最重要的保障就是，法官终身任职，前提是其品行端正。如果在任职期间，一个法官没有贪赃枉法，没有徇私舞弊，没有不良行为，就应让他一直干下去。这种终身任职最有助于法院的坚毅和独立，它是确保正义和秩序得以实现的堡垒。

汉密尔顿强调指出，品行端正的法官终身任职是政府实践中最有价值的现代革新之一。在一个君主国中，它是防止君主暴政的极好屏障；在一个共和国中，它同样是防止代议机构侵犯和压迫其他机构的理想屏障。它是任何一个确保稳定和司法公正的政府中最佳的制度安排。从历史上看，司法在一定程度上的独立在英国抑制了国王的权力，防止其走向绝对主义。这或许是英国与法国、西班牙在十七世纪之后走上不同道路的重要原因之一。

美国"国父"们吸取了英国政体的教训——议会的权力太大甚至不受限制，他们认识到，不仅需要防范行政权力，也需要防范立法权力，后者同样可能会侵犯人们的权利和自由。而且，在一个共和国中，由于立法机构人数众多，容易影响民众，出现多数的暴政，因而更应该多加提防，司法独立的重要功能便是防范立法机关滥用权力。

品行端正的法官终身任职意味着，一个人一旦被任命为法官之后，只要品行端正，他就可以永远当法官，无论他如何裁判，没有任何人能撤掉他的职位。这确保了法官永远不用担心失去自己的工作，哪怕是做出了令任命自己的人——总统和参议员——不高兴、不喜欢的裁决，他们也束手无策，无法罢免他。而且，法官可以选择不退休，一直干到死，没有人能因为他们年老而撤销其职位，或者迫使其（提前）退休。这是为什么在美国人们经常能看到七八十岁甚至年纪更大的法官。这种没有强制退休的做法，不仅确保了法官的独立性，而且充分利用了法官的司法经验，大大有助于提高裁判的公正性和质量。

除了终身任职之外，确保司法独立的另一个制度安排是，在法官任职期间薪水不得减少。终身任职保障法官不用担心失去工作，薪水不得减少保障法官不用担心生计问题。汉密尔顿说，对一个人生计的控制，就意味着对其意志的控制。为了让法官挺直腰杆，除了确保其职位不受动摇之外，还要确保其维持体面的生活，没有后顾之忧。在职位和薪水都得到保障之后，法官就可以完全根据自己的意志，根据自己对法律和正义的理解来进行裁判了，不需要看任何人、任何机构的眼色，不需要服从任何人、任何机构的命令，不需要屈从于民意和舆论。

另外，汉密尔顿还从司法职业要求的角度强调了法官终身任职的必要性。他说，法官职业所需要的资格条件，尤其是其长期研习和实践才能具备的法律知识，也要求确保其终身任职，因为具备这种知识和能力且品行端正的人士，在一个社会里不会太多。如果法官职位是短期而非终身的，那么，那些出类拔萃、最适合出任法官的人选，很可能选择放弃成为法官，而谋求其他职业。也就是说，法官这个行业的门槛很高，合适的人选不会很多，如果不给这些人长期稳定的职业保障，很可能无法吸引到卓越超群的法律人才。

有人担心，法官如此独立，万一遇到能力不佳的法官该怎么办？能否将其免职？汉密尔顿的回答是，不可以，因为一方面，在任命法官的时候，总统和参议院已经考虑了其能力问题，只有那些能力出众、学识渊博的法律人才可能被任命为法官；另一方面，如何衡量法官的能力是一个难题。如果因为能力欠缺而将法官免职，很容易导致个人或派系偏见，导致这一权力的滥用，结局必然是武断和敌对。当然，如果某个法官的心智出了问题，是可以将其免职的。

如果法官行为不端，甚至滥用权力、枉法裁判、徇私舞弊或贪赃枉法，则可以对其进行弹劾，不仅可以撤销其职位，而且可能将其绳之以法。弹劾法官的程序与弹劾总统类似，由众议院启动，由参议院进行审判。

为何司法审查是必要的？

司法独立对于宪法和法律的实施至关重要，因为司法机关担当着适用宪法和法律的重任。如果法院不独立，它就无法忠实地、不受干涉地适用和解释宪法与法律。汉密尔顿指出，法院的完全独立对于一部限权宪法（limited constitution）是十分必要的，因为限权宪法意味着所有权力——包括立法权——都是有边界的，都是受到限制的。比如，立法机关不得通过剥夺人们财产权和公民权的法律，不得制定溯及既往的法律等。这种限制在实践中只能通过法院实现，没有其他办法。法院的职责是宣告所有违反宪法的法律无效，即行使司法审查权，舍此，宪法中保留的公民权利和自由等于一纸空文。意思是说，如果法院不能行使司法审查权，宪法根本无法落实。如果立法机关制定了违反宪法的法律，行政机关发布了违反宪法的命令，该怎么办？谁来捍卫宪法？如何捍卫它？如果没有对它的捍卫，那它就是一纸空文，形同虚设。

针对那种认为司法审查意味着法院高于立法机关的看法，汉密尔顿反驳道，法院拥有司法审查的权力，决不意味着司法机关高于立法机关，因为法院是在捍卫宪法、捍卫人民的意志。从法理和逻辑上讲，受托人的行为不可违反委托人的意志，否则，它就无效，否认这一点，就意味着承认受托人高于委托人，仆人高于主人，人民的代表高于人民，有权者不仅可以做其未得到授权的事情，而且可以做被禁止的事情。宪法反映的是人民的意志，而法律反映的是人民的代表的意志，人民高于人民的代表，因而，宪法高于法律。

在汉密尔顿看来，法院可以被视为人民与立法机关（人民的代表）之间的调解人，其职责包括确保后者在授权范围内活动。解释宪法和法律是法院适当及特定的职权，宪法事实上且必须被法院视为根本法，因而它有权确定宪法及国会立法的义涵。法院享有司法审查权并不意味着它高于立法权，而是意味着人民的权力高于所有权力机关。如果宪法是根本法，那么，当宪法和法律发生冲突的时候，选择适用前者而撤销后者，则是法院的义务。

除非我们假定宪法和法律之间不会发生冲突，否则，就必须在二者发生冲突的情况下做出取舍和选择，如果法院选择适用法律，那就意味着宪法低于法律，甚至是一纸空文；如果法院选择适用宪法，则不得不宣布与之冲突的法律无效，不可能两个相互冲突的规则同时有效。

有人说，如果法院可以行使司法审查权，则可能会根据自己的好恶代替立法机关的宪法意图。汉密尔顿反驳说，这种说法是没有意义的，因为法院在面临两个相互冲突的普通法律，甚至只在解释一部法律时，也有可能会发生这样的事情。法院必须宣布法律的含义，如果它们用的是自己的意志（will）而非判断（judgment），结果同样是用自己的好恶替代立法机关的宪法意图。这种说法不过是想表明，不应该存在独立于立法机关的法院。

汉密尔顿强调，如果法院被视作防止立法机关违反宪法的屏障，则必定要确保法官终身任职，没有什么比这对于司法独立而言更加重要的了，而司法独立对于法官忠实履行自己的职责是必需的。同样，法官独立对于捍卫个人权利是必需的，因为多数民众很可能在一些情况下通过立法侵犯少数人的权利。从根本上讲，一个共和政体当然意味着人民有权改变政体或宪法，但这并不意味着多数选民的代表可以制定与宪法不一致的法律。除非宪法被修改，否则，多数选民的代表也必须遵守宪法。无论是人民作为一个集体还是作为单个的个人，都必须遵守宪法。当多数企图通过立法背离宪法时，法官捍卫宪法的任务就更加艰巨。从这个意义上讲，法官独立不仅是为了捍卫宪法，也是为了防止不公正的法律对于特定阶层公民私权的侵犯，对立法机关通过此种法律构成一种制衡。

这是美国"国父"们对司法审查的最早、最清晰表达之一，远远早于被认为是"司法审查第一案"——1803 年"马伯里诉麦迪逊案"——中马歇尔大法官的判决意见。那种认为该案是一个"伟大篡权"的看法，根本没有理解美国宪政的真精神，也没有理解汉密尔顿在《联邦党人文集》中的精彩论述。不少人误以为，由于 1787 年宪法中没有明确载明法院拥有司法审查权，因而法院肯定没有这一权力。但是，汉密尔顿的有力论证表明，这种看法是错误的，因为从法理、逻辑以及宪法的分权制衡安排上，完全可以推论出法院拥有此种权力。

事实上，如果法院没有此种权力，宪法必定形同虚设，因为当立法机关和行政机关违反宪法时，无法对其进行矫正。而且，如果法院没有此种权力，它也根本无法与立法机关、司法机关抗衡，因为它是三个部门中最弱的，既没有钱袋子也没有枪杆子。因此，从这个意义上讲，法院拥有司法审查的权力，根本不需要写在宪法上，只需要承认法院有权解释和适用宪法与法律，承认宪法和法律之间会发生冲突，就可以推论出来。

当然，"马伯里诉麦迪逊案"是 1787 年宪法实施之后，联邦最高法院裁决的第一个司法审查案件，具有里程碑式的意义。在这一案件中，首席大法官马歇尔机智巧妙地运用了汉密尔顿在《联邦党人文集》第七十八篇中所阐释的基本原理。他写道："应当强调，宣布法律的义涵，是司法机关的职权和责任。那些将规则适用于特定案件的人，必须阐明和解释该规则。如果两部法律相互冲突，法院必须决定适用哪一部。因此，如果一部法律与宪法相抵触，如果这部法律和宪法都适用于同一个特定的案件，那么，法院要么根据这部法律决定该案，无视宪法，要么根据宪法决定该案，无视法律；法院必须决定两个相互冲突的规则中哪一个适用于该案。这正是司法职责的实质。""那么，如果法院尊重宪法，则宪法高于立法机关的任何普通法律；宪法，而非这种普通法律，必定决定着它们都适用时的案件。""那些否定宪法应被视为最高法原则的人，不得不主张，法院必须无视宪法，只在乎普通法律。"①

马歇尔法官进一步指出，要么宪法高于法律，与宪法冲突的法律无效，要么法律高于宪法，与法律冲突的宪法无效，没有第三条道路可选。美国确立的是成文宪法，反映的是人民的原初和最高意志，它建立的是一个有限政府，立法机关的权力是明确界定的和受到限制的，立法机关制定的任何法律必定受制于宪法，与宪法冲突的任何法律必定无效。②

---

① *Marbury v. Madison*，5 U.S. 137，177-178（1803）.

② *Marbury v. Madison*，5 U.S. 137，176-177（1803）.

为何应当单独设立最高法院？

在制定新宪法时，有人反对单独设立一个最高法院，主张应由立法机关的一个分支充当最高法院，类似于英国的做法——英国议会上院曾长期充当英国的最高法院。其理由是，单独设立最高法院将会导致它高于立法机关，导致它可以随意地解释法律，因为它不受制于立法机关。汉密尔顿反驳说，这种推理是完全错误的，法院不能随意地解释法律，而是要根据宪法的精神来解释法律，但这种要求并不是来自宪法的规定，而是来自限权宪法的一般理论。所谓限权宪法，就是权力受到限制的宪法。也就是说，宪法上并未写明法院要根据宪法的精神来解释法律，但可以从限权宪法的原理中推论出来，它应当这样做。

他强调，设立单独的最高法院是分权制衡的需要，因为不能指望制定法律的立法机关自己根据宪法精神来解释法律。如果由立法机关的一个分支充当最高法院，那么，在法律存在着涉嫌违反宪法的情况下，就会出现自己审查自己的局面，这与任何人都不得充当自己案件的法官这一古老法则相悖。

汉密尔顿还指出，如果让立法机关的一个分支充当最高法院，就面临一个法官无法终身任职的问题，因为议员的任期是有限的，如果这些人同时充当法官，他们的任期也必将是有限的，每隔几年选举一次。如果这样，如何确保法官的独立？他们必然受制于选民、受制于民意。而且，让立法机关的一个分支充当最高法院会使法律知识广博的法官受制于法律知识匮乏的立法者。因为立法者不一定都是懂法律的人，而法官是专门受过法律训练的，如果下级法院的法官都是懂法律的专门人才，而最高法院的法官却是一群没有学过法律的人，这是非常荒唐的。再者，立法机关中必然存在着党派倾向和派系之争，而这一定会腐蚀司法和正义的根基，司法公正将难以保障。

针对司法机关解释宪法和法律的权力会侵犯立法机关的看法，汉密尔顿反驳说，这是一种幻觉。一方面，对立法机关意志的错误解释可能会时有发生，但这决不会严重影响到整个政治秩序。另一方面，立法机关拥有对法官的弹劾权，而这足以构成对司法机关的制约，让司法机关不会随意解释。

应当指出，由立法机关的一个分支充当最高法院的提议，来自对英国实践的效仿。在英国历史上，长期由议会的上议院（贵族院）充当最高法院，在一定程度上是立法机关和司法机关合而为一。正因为如此，以及英国的所谓"议会至上"或"议会主权"观念，导致法律家们一直在争论英国的法院是否有权进行司法审查的问题。如果上议院同时充当着最高法院，它如何审查自己参与制定的法律是否违宪？如果议会拥有至高无上的权力，最高法院如何有权审查它通过的法律并宣布无效？如果最高法院无权审查议会通过的法律，那么，在出现法律违反宪法的情况下，该如何救济？而且，由于英国没有成文宪法，该如何判定一部法律是否违反了宪法？这一系列问题都因为英国的政体和制度设计而难以回答。

由于英国政体和宪法的形成是一系列政治事件的结果，其中也不乏一些偶然因素，因而存在一些制度设计上的缺陷。英国人自己也意识到了这种缺陷并进行了一些变革，比如，2009 年，英国设立了专门的最高法院，上议院（贵族院）充当最高法院的历史宣告终结，意在让司法变得更加独立，让最高法院可以行使一定程度的司法审查权。虽然现在英国的最高法院还不能像美国的最高法院一样可以对国会的任何立法行使司法审查权，可以在其违反宪法的情况下宣告其无效，但是，设立独立的最高法院无疑为其行使司法审查权铺平了道路，或许有一天，它也可以对议会的任何立法进行不折不扣的违宪审查，并进而从"议会制"慢慢转向严格意义上的三权分立制——它在现代被误称为"总统制"（presidential system）。

实际上，英国的法院早在四百多年前就行使了司法审查权。1610 年，英国历史上最伟大的法官之一库克爵士在"博纳姆医生案"中裁决，倘若议会的立法违反了"普遍的正义和理性"，它们就是无效的。这被法律家们称作"司法审查第一案"。由于英国没有成文宪法，而且那时还没有把宪法视作根本法的观念，库克的裁决依赖的是正义和理性原则，依赖的是普通法精神，依赖的是《大宪章》以来的宪政传统。因而，有学者称之为"普通法宪政"。但是，无论如何，这个案例都表明，库克法官不认为英国奉行的是"议会至上"或"议会主权"。

新宪法废除民事案件中的陪审团审判了吗？

反对新宪法的人士认为，新宪法的缺陷之一在于，它废除了民事案件中的陪审团审判，因为新宪法只提到了刑事案件中的陪审团审判，而对民事案件什么都没说。① 汉密尔顿反驳了这种看法，他说，新宪法只是对民事案件中的是否适用陪审团保持了沉默（silence），而这并不意味着废除（abolition）了它，沉默和废除是两回事。无论是支持还是反对新宪法的人，都同意陪审团审判的重要性，如果说他们在这个问题上存在着分歧的话，也仅仅在于：前者认为陪审团审判是自由的一个重要保障，而后者认为陪审团审判恰恰是自由政体的支柱。毫无疑问，陪审团审判是抵御世袭君主压迫的一道屏障，也是防止民治政体中官员专断的一个壁垒。

但是，汉密尔顿承认，他看不到民事案件中陪审团审判与自由之间密不可分的关系。武断的弹劾、武断的公诉方法、任意的定罪以及任意的刑罚，都是司法暴政运用的手段，都跟刑事诉讼有关。在民事案件中陪审团的价值似乎取决于卫护自由以外的因素，比如，它被认为有助于防止法官腐败。从时间和机会上看，贿赂法官似乎比收买陪审团成员更加容易。但是，召集陪审团的官员，以及提名特别陪审团成员的书记员等，也都容易被贿赂。当然，总体上考虑，陪审团审判

① 应当注意的是，1791 年通过的《权利法案》（前十条修正案）改变了这一点。其中，第六修正案明确规定：在所有刑事案件中，被告人都享有陪审团审判权；第七修正案规定：凡是超过二十美元的民事诉讼，当事人要求陪审团审判的权利应当受到保护。

仍然是制约腐败的有价值的手段之一，它大大增加了腐败成功的成本。

他强调，尽管在民事案件中陪审团审判与捍卫自由之间的关系不是那么密切，但在大多数情况下，只要规范适当，陪审团审判是裁决财产纠纷的极好方法。仅仅这一点就足以让它成为宪法中的一个规定，前提是准确厘定其适用范围。但这是一件十分困难的事情。在宪法中很难规定什么样的民事案件适用陪审团，什么样的案件不适用，所以宪法对此保持了沉默。

在汉密尔顿看来，在一些案件中不适用陪审团是显而易见的。比如，在涉及与外国之间的冲突或和平时，在涉及国际法时，陪审团没有能力做出适当的判断。尽管陪审团的职责是就事实问题做出裁决，但在这种情况下，法律后果和事实可能搅和在一起，区分它们变得不切实际。还有，在适用衡平法的案件中，也不应当适用陪审团审判。

在制定新宪法时，之所以围绕着陪审团审判展开了争论，是由于陪审团审判权在美国独立时被认为是个人最重要的权利之一，而且是一项古老的权利。1215 年的《大宪章》第三十九条规定："未经其同级贵族之依法裁判，或经国法判决，任何自由人皆不得被逮捕、监禁、没收财产、剥夺法律保护权、流放或加以任何其他伤害。"后来，在英国法律史上，陪审团审判为遏制司法不公、防止王权专断，为推动司法独立、防止国王干预，保护个人的权利和自由，起了至关重要的作用。美国独立战争爆发后，"国父"们在《独立宣言》中列举的英国国王罪状之一就是，在许多案件中剥夺了人们的陪审团审判权。

值得一提的是，托克维尔对美国的陪审团制度赞赏有加，而且，与汉密尔顿的看法不同，他认为在民事案件中适用陪审团审判也很重要。在托克维尔看来，陪审团审判不仅是一项司法制度，而且是一项政治制度，虽然它对法院裁判有着巨大的影响，但它对整个社会的命运影响更大；它是人民主权的体现，是民治政体中的共和元素，通过陪审团审判，民众成为社会的主人，掌握着社会的未来。他认为，如果陪审团审判仅仅适用于刑事案件，则它对社会的影响就有限，而且被视为一种获得正义的工具；相反，如果陪审团审判也适用于民事案件，则它对日常生活的影响就非常广泛，非常深入，触及人们的心灵和习惯。民事案件中的陪审团审判，有助于把法官的精神传递给所有的公民，而这种精神是对自由制度最恰当的准备，它教会人们尊重司法判决，拥有权利观念，懂得公平正义，具有公共精神，掌握治理的技艺，提升人们的判断力。陪审团审判就像一所免费的公共学校，在那里，每一个陪审团成员学会了解自己的权利，通过司法实践活动熟悉法律，和社会中博学多识的人士进行交流。而且，陪审团有助于加强法官和司法裁判的权威，让人们更加尊重法院的判决。①

为何新宪法没有"权利法案"？

在 1787 年的制宪会议上，起草人没有将"权利法案"写入宪法，

---

① Tocqueville，Alexis de. 1990. *Democracy in America*. Vol. 1. The Henry Reeve Text. Ed. Philips Bradley. New York：Vintage Books. pp. 280-287.

也就是说，没有在宪法中明确列出个人的基本权利和自由，这导致了很多人的不满，包括制宪会议代表乔治·梅森，他正是因为缺乏权利法案才拒绝在宪法草案上签字。汉密尔顿的回答是，首先，反对者误读了新宪法，因为其中的很多条款其实是跟基本权利有关的，比如，新宪法中规定，除非是在叛乱或者外敌入侵的情况下，不得暂停人身保护令（writ of habeas corpus）；国会不得制定溯及既往的法律；对所有犯罪的审理，除非是弹劾，都应当适用陪审团；等等。这些都是对个人基本权利和自由的保护。他甚至认为，整部宪法就是一个权利法案。因为宪法限制了政府的权力，剩下的权利都是公民的。

汉密尔顿强调，从历史上看，"权利法案"起源于国王和臣民之间的规定，为了限制国王的特权、保留臣民未交出的权利而制定，无论是 1215 年的《大宪章》，还是 1689 年的《权利法案》，都是如此。而美利坚合众国是一个共和国，是建立在人民主权基础之上的，严格而言，人民不需要交出任何权利，他们保有所有的权利，因而不存在保留一些特定权利的问题。新宪法的序言中明确提到："我们，美利坚合众国人民，为了保障我们自己以及我们后代的自由，制定这部美利坚合众国宪法。"就对个人基本权利的承认和保护而言，这一表述胜过在宪法中列举一大堆的权利辞藻。

他进一步指出，在新宪法中规定"权利法案"不仅是不必要的，而且还是有害的，是危险的。如果要制定权利法案，势必只能列举一部分权利出来，没有办法列举出所有的权利，而这就给一些人提供了一种口实，他们会说，只有这些列举的权利才受到保护，没有列举的权利都不受保护，这反而给政府侵犯个人的权利提供了借口。为何要在宪法中写入政府无权限制新闻出版自由呢？因为宪法上根本就没有赋予政府限制新闻出版自由的权力。既然没有，何须写入？而且，在宪法中写入"新闻出版自由应当不受限制"到底意味着什么呢？什么是"新闻出版自由"？谁能给它一个准确的定义？对新闻出版自由的理解取决于公共舆论、民众和政府的普遍精神等，这些因素才构成了个人基本权利和自由的根基。

可以看出，汉密尔顿的逻辑其实很简单。在他看来，如果宪法上确立了分权制衡，政府的权力得到了限制，就没有必要列举个人的基本权利，因为政府不得作为的空间都是个人的基本权利。而且，如果列举个人的基本权利，难免挂一漏万，给政府制造了侵犯未列举基本权利的借口。在很大程度上讲，汉密尔顿的看法是有道理的。如果宪法上没有分权制衡的制度安排，即使列举再多的个人基本权利，也都得不到落实。也就是说，决定着个人基本权利是否得到有效保护的，不是在宪法上列举出来，而是限制权力的制度架构——分权制衡。

值得一提的是，在批准新宪法的过程中，考虑到它可能遇到的阻力，麦迪逊等人答应新宪法实施之后会制定"权利法案"，并作为宪法的修正案补充进去。1791 年，由麦迪逊起草并经过修改后的《权利法案》——前十条修正案——得到各州批准，遂变成了宪法的一部分。前十条修正案列举了一些最重要的基本权利和自由，包括言论自由、新闻出版自由、结社自由、持枪权、私有财产权、陪审团审判权、获得律师辩护权等。那些没有列举的权利是通过两个兜底和概括性条款得到保障的。第九修正案规定："本宪法所列举的特定权利，不得被解释为否定或者轻视其他由人民所拥有的权利。"第十修正案规定："本宪法没有赋予美利坚合众国，也没有禁止赋予各州的权力，保留给各州或者人民所拥有。"

在全书的最后，汉密尔顿呼吁美国民众支持这部新宪法。他说，尽管这部宪法不完美，存在着这样那样的缺陷，但是，我们应该把这些分歧暂时搁置，如果我们只想要完美的宪法，可能永远没有那一天，人是不完美的，怎么能够期望一部完美的宪法呢？这种期望本身就是错误的。制宪会议代表们已经尽了最大的努力，把我们的一些错误、偏见尽量给排除了，这已经是我们能够达成的最好的意见，反映了我们的一些共识。所以，我们应该接受这部新的宪法。他还引用了休谟的看法来支持自己的主张："在普遍的法律（general laws）之上平衡一个大国——无论是君主国还是共和国，都是一件如此艰巨的任务，无论多么了不起的人间天才，都无法仅仅根据理性和反思来完成它。它必定需要联合起众多人的判断，必定需要经验引导他们的努力，必定需要时间使其臻于完善，必定需要不便的感受帮助其矫正起初的尝试和实验所不可避免的错误。"① 也就是说，新宪法的完善需要时间和经验，应该先接受它，然后再根据经验的积累慢慢改进它。

汉密尔顿强调，一个没有全国性政府的国家，是一副糟糕的景象。

---

① Hamilton，Alexander，John Jay，and James Madison. 2001. *The Federalist*. The Gideon Edition. Ed. George W. Carey and James McClellan. Indianapolis，IN：Liberty Fund. p. 457.

我们在和平时期，通过全体人民自愿的同意，制定出这样一部新宪法，在人类历史上是一个壮举。我们应该珍惜并尽快通过这部新宪法。

1788 年 6 月 21 日，新宪法得到了九个州的批准，满足了四分之三的州批准即生效的要求。1789 年 3 月 4 日，根据新宪法所确立的联邦政府开始运转。在这部宪法被批准两百多年之后，它依然在适用，迄今为止，仅仅增加了二十七条修正案。这表明，制宪会议起草的宪法经受住了时间的考验。它是近现代以来第一部成文宪法，也是第一部构建联邦共和政体的宪法。它成就了一个自由而繁荣的美国，对整个人类历史产生了深远的影响。

后记

　　大约四百年前，当一群清教徒漂洋过海，到北美垦疆拓土时，他们心中有一个信念，那就是，作为上帝的选民，他们的特殊使命是在新大陆建设一座"山巅之城"。

　　正如马萨诸塞湾殖民地领袖约翰·温斯洛普在 1630 年的布道中强调的：清教徒和上帝立约，秉承爱、正义和仁慈，按照上帝的意愿在人世间构建一个模范共同体。他们的确这样实践了，一个在《圣经》启示下的新英格兰应运而生。

　　将近一个半世纪之后，美国"国父"之一约翰·亚当斯这样评论道：跟旧大陆（欧洲）相比，新英格兰的清教徒建立的教会更加符合《圣经》，建立的政体更加符合人性，而且，他们打算传给子孙后代。

　　1776 年，为了捍卫这座"山巅之城"，为了捍卫它的自由与自治，他们不惜和大英帝国分离，不怕和世界上最强大的军队作战。终于，新英格兰变成了"美利坚合众国"。在《独立宣言》中，他们重申了"造物主"的旨意和"不言而喻的真理"。他们坚信，只要有上帝的护佑，他们的事业就能够成功。

1787 年，他们又秉承《圣经》中的人性教导和戒律，制定了以分权制衡为圭臬的《美利坚合众国宪法》，造就了人类历史上第一个联邦共和国，造了一个自由而繁荣的大国。这部宪法，二百三十余年后，仍然是美国人公共生活的准则和指南。这是一个奇迹。

这个奇迹的根源，正是犹太—基督教传统。从清教徒们带着神圣使命开拓殖民地，通过圣约构建自治共同体，到美国"国父"们利用"联邦神学"缔造一个复合共和国，都离不开《圣经》的启示和教谕。

犹太—基督教传统不仅造就了美国，而且作为民情的核心，帮助维系着美国的民主和自由。这一点，没有人比托克维尔认识得更加清楚、表达得更加清晰了。在《论美国的民主》一书中，他说："一踏上美国的土地，首先引起我注意的，就是宗教在这个国家发生的作用。我在美国逗留的时间越长，越感到这个使我不熟悉的现象政治影响强大。在法国，我几乎总是看到宗教精神和自由精神背道而驰；而在美国，我却发现两者密切关联，共同统治着这个国家。"毫无疑问，他发现了美国和法国的根本区别之一，发现了法国启蒙运动和美国启蒙运动的不同后果。

托克维尔还强调："宗教在美国不直接参与社会的管理，但它必须被视为那里首要的政治制度，因为它虽然没有向美国人提倡热爱自由，但它却促进了美国人对自由的享用。"

美国的"国父"们视宗教为道德的根基。华盛顿总统在告别演说中这样讲道："如果法院调查案件的誓言失去了宗教义务感，哪里还有财产、名誉、生命的安全可言？我们应当告诫自己不要耽于幻想，以为道德无须靠宗教维持。尽管良好的教育对于特殊结构的心灵会产生影响，但理智和经验告诉我们，不要指望在排除宗教的情况下，国民道德能够得到维系。"

尽管美国宪法确立了政教分立的原则，但宗教对美国政治和社会的影响无处不在。比如，总统就职宣誓时通常手按《圣经》，国会议员、联邦法官以及高级官员在就职典礼时要说："上帝作证，我宣誓。"美国的国家铭文是"我们信靠上帝"（In God We Trust），而且，它也印在美国的货币上。

正是这种宗教精神和传统，塑造了独一无二的美国。虽然《联邦党人文集》集中讨论的是制度架构，但无疑，它深受基督教精神和传统的影响，其中的人性论和圣约观表现得十分明显。并且，在托克维尔看来，没有这种宗教精神和传统，即使优良的制度也无法有效运作。十九世纪墨西哥移植美国宪法失败的例子，就是一个值得反思的教训。

从这个意义上讲，制度是重要的，但制度赖以运行的土壤——民情——同样重要，甚至更加重要。我们在思考制度变革的同时，也不应忘记土壤的改良，否则，结果很可能是，优良的制度水土不服，无法生根发芽、开花结果。当然，在一些情况下，制度也会对民情产生影响，只不过这种影响通常比较有限，而且比较缓慢，因为构成民情的传统、习俗、信仰等更加持久坚固。

毋庸置疑，民情的改变是一件比较缓慢的事情，但它并非不可改变，只是需要耐心、坚毅、智慧和审慎，需要秉承保守主义的精神和原则，需要每个人从自我做起，从点滴做起，审视自己的观念、思维和行为方式等。对个体而言，自由社会的原则是，自由意味着责任。一个想要享有自由的人，首先要学会对自己的行为负责。

　　最后，回到这本小书上。应当说明的是，它的部分内容是在一些读书会演讲的产物，读者不难发现其中的痕迹。在此，我要感谢读书会的发起人和众多志愿者。

　　这本小书的撰写，也离不开很多师友的智慧、支持和帮助。中国政法大学法学院和宪法研究所的诸多同人，以及我教过的所有同学们，他们的帮助和思想火花，对我总是一个激励。

　　如果没有陈卓先生和李森先生的坚持不懈和辛苦付出，这本小书很难最终问世。此外，拙作的出版也离不开黎松副总编的全力支持。在此，我要对他们几位表达诚挚的谢意！

　　最应当感谢的是我的家人，没有他们不求回报的爱、理解和支持，安心写作是不可想象的。年迈的父母需要陪伴，但他们对我的工作总是抱着理解的态度。太太张冉始终不渝地支持我的研究，无怨无悔地承担了大量家务，还花费很多宝贵的时间照顾和教育孩子。在本书的撰写过程中，谷子一天天长大，并开始学着理解这个世界。

图书在版编目（CIP）数据

《联邦党人文集》讲稿 / 王建勋 著 . — 北京：东方出版社，2020.3
ISBN 978-7-5060-9571-6

Ⅰ. ①联… Ⅱ. ①王… Ⅲ. ①联邦制—政党—研究—美国 Ⅳ. ① D771.264

中国版本图书馆 CIP 数据核字（2017）第 064814 号

《联邦党人文集》讲稿
（LIANBANGDANGREN WENJI JIANGGAO）

- -

作　　者：王建勋
策　　划：陈　卓
责任编辑：陈　卓　李　森
责任审校：孟昭勤
出　　版：东方出版社
发　　行：人民东方出版传媒有限公司
地　　址：北京市朝阳区西坝河北里 51 号
邮　　编：100028
印　　刷：北京联兴盛业印刷股份有限公司
版　　次：2020 年 3 月第 1 版
印　　次：2020 年 3 月第 1 次印刷
开　　本：880 毫米 × 1230 毫米　1/32
印　　张：9.5
字　　数：190 千字
书　　号：ISBN 978-7-5060-9571-6
定　　价：58.00 元
发行电话：（010）85924663　85924644　85924641

- -